돈 버는 상가 망하는 상가

일러두기

본문에 사용한 지도 이미지는 카카오맵 지도입니다.

공실과 **매출** 걱정 없는
상권분석 인사이트

돈 버는 상가 망하는 상가

매일경제신문사

당신의 상권분석이 어려울 수밖에 없는 이유

내 강의를 들었거나 나에게 컨설팅을 받았던 사람들은 지금 이 책을 보고 있는 여러분과 같은 고민을 가지고 있었다.

빅데이터 상권분석은 얼마나 정확한가요?

요즘 상권분석 제대로 배울 수 있는 곳이 있나요? 20년 넘게 장사를 해서 나름대로 기준은 있는데, 이게 맞는지 확신이 안 서네요.

하루 종일 발품 팔며 상가를 돌아다녀봐도 감이 안 잡혀요.

실전에서 바로 써먹을 수 있는 상권분석 방법이 없을까요?

많은 사람이 평생 모아온 종잣돈을 창업에 투자한다. 하지만 제대로 된 상권분석 없이 무모하게 뛰어들어 사업에 실패하는 경우를 종종 본다. '제대로 준비만 한다면 같은 투자금으로도 더 많은 수익을 낼 수 있었을 텐데, 왜 직감에만 의존해 저 위치를 선택했을까?' 하는 안타까운 마음이 생긴다. 상권분석만 제대로 해도 창업과 상가 투자의 절반은 성공한 것이나 다름없다.

어떤 사람은 '현장만 열심히 다니면 누구나 상권분석을 할 수 있다'고 하고 또 어떤 사람은 '빅데이터로 이제는 상권분석이 쉬워졌다'고 한다. 하지만 현실은 어떨까? 막상 공인중개사를 만나면 무슨 말을 해야 할지 모르겠고, 괜찮아 보이는 상가도 이 권리금과 월세가 적정한지 판단하기 어렵다.

인터넷에 '빅데이터 상권분석'이라고 검색하면 활용할 수 있는 사이트가 많이 나온다. '오픈업'에서는 경쟁 매장의 매출액 확인이 가능하고 '나이스비즈맵'에 들어가면 유동인구 정보를 볼 수 있으며 '소상공인365'에서는 지역 내 배후세대 규모를 파악할 수 있다.

그런데 문제는 숫자를 아무리 봐도, 현장 발품을 아무리 나가도 결과적으로 어떤 입지의 상가를 선택하고 계약해야 하는지 답을 찾기는 여전히 어렵다는 것이다. 오히려 현장을 직접 돌아보고 데이터까지 분석해봤는데도 더 혼란스럽다고 말하는 경우가 80%

가까이 된다.

지금 이 책을 읽고 있는 독자들 중 상권분석이 쉽다고 느끼는 사람은 5%도 되지 않을 것이다. 그렇다면 상권분석은 왜 어렵게 느껴질까? 여러 점포를 운영 중인 자영업자뿐 아니라 오랜 투자 경험을 가진 전문가조차도 상권분석을 어려워한다. 이유는 다음의 4가지 문제점 때문이다.

첫 번째는 상가 선택의 기준이 명확하지 않다. 살기 좋은 곳과 장사하기 좋은 곳은 다르다. 본인이 어떤 업종을 어떻게 운영할지에 따라 상권분석의 방향도 달라져야 한다. 즉, 상권분석은 케이스마다 다른 해석이 필요하며 비교 평가의 기준은 명확하다. 하지만 상권분석 기준에 대해 설명할 수 있는 사람은 실제로 많지 않다. 설마 아직도 유동인구가 중요하다고 생각하는가?

두 번째는 어떤 매장을 어떻게 운영할지 제대로 된 기획을 하지 않는다. 가령 웨딩드레스 디자이너가 드레스를 디자인하는 상황을 가정해보자. 그냥 예쁘게만 만들면 고객인 신부가 만족할까? 체형, 선호하는 디자인, 비용, 식장의 톤앤매너, 초대된 사람들과 부모님의 성향 등 다양한 요소를 파악하고 소통해야 고객이 만족할 수 있는 결과물을 낼 수 있다. 상권분석도 마찬가지다. 실력 있는 디자이너가 무조건 화려하고 예쁜 드레스를 만들지 않는 것처럼 상권분석 역시 좋은 부동산 찾기 게임이 아니라 브랜드와 적합한 장소를 찾는 게임이다.

그래서 내가 항상 강조하는 것이 상권분석은 부동산만의 이야기가 아니라는 점이다. 본인이 어떤 콘텐츠를 어떻게 운영할지 명확히 기획한 다음에야 비로소 상권분석을 시작할 수 있다. 아울러 상권분석은 브랜딩과도 밀접한 관계가 있어 콘텐츠에 대한 기획이 먼저 완성돼야 하는데, 90%가 넘는 사람이 단순히 창업 아이템만 생각하고 세밀한 기획은 하지 않는다.

이 책에는 마케팅과 브랜딩에 대한 이야기도 함께 담았다. 다음같이 콘텐츠에 대한 요소 하나하나를 밀도 있게 정리해야 비로소 목표 상권을 가늠해볼 수 있다.

- 부동산 비용으로 얼마를 쓸 수 있는지
- 메뉴 단가는 어떻게 책정할 것인지
- 인테리어에 투자해야 하는 매장인지
- 어느 정도의 면적이 필요한지
- 마케팅 비용으로 얼마를 쓸 수 있는지

본인이 장사하고자 하는 매장에 대한 상세 페이지를 만든다고 가정해보자. 지금 머릿속에 있는 아이디어 조각으로 사람들이 주목하고 매장의 매력에 공감할 수 있는 상세 페이지를 만들 수 있을까? 대부분은 다음 같은 정도의 수준으로 이야기할 것이다.

- 반찬이 맛있는 집
- 좋은 품질의 고기를 맛있게 제공하는 집
- 매장에서 직접 육수를 끓이는 국밥 집

이 상태로는 고객을 설득하는 상세 페이지를 만들 수 없다. 너무 추상적이기 때문이다. 이 책을 통해 추상적인 생각을 구체적인 인사이트로 바꾸는 본질을 배우길 바란다.

세 번째는 경쟁자 분석을 하지 않는다. 상권분석에 있어 어떻게 보면 가장 중요한 것이 경쟁강도 분석이다. 그런데 상권분석 시 대부분의 사람은 나르시시즘에 빠져 있는 경우가 많다.

내가 하면 달라.
이 정도면 안 될 수 없는 구성이야.
줄 서는 집이라고 해서 먹어봤는데, 특별한 게 없던데?

내가 컨설팅을 할 때 정말 자주 듣는 말이다. 경쟁강도를 객관적으로 판단하지 않고 막연한 자신감으로 판단하고 시작한다면 요즘 같은 자영업자 100만 폐업 시대에 살아남기 어렵다. 동일 지역과 유사 업종의 경쟁자 분석만 하지 말고 시야를 좀 더 넓혀보면 어떨까? 세상에 장사 고수, 기획 고수는 많다. 우리가 벤치마킹할 수 있는 요소는 곳곳에 널려 있다.

네 번째는 알고 있는 상권이 없다. 자영업자는 물론이고 상가 투자자도 상권분석이 어려울 수밖에 없는 이유는 알고 있는 상권이 적기 때문이다.

- 집 근처
- 회사 근처
- 내가 자주 놀던 곳

이 3곳을 제외하고 과연 상권 임장을 얼마나 했을까? 그러니 상권에 대한 판단이 어려울 수밖에 없다. 또한 집이나 회사 근처, 자주 놀던 곳이라 해도 고객으로서 이용한 것이지, 창업을 위해 임장하거나 면밀히 관찰한 것이 아니다. 따라서 잘 알고 있다고 착각을 할 뿐, 그 지역에 대해 제대로 이해하고 있다고 보기는 어렵다.

상권분석은 비교 평가다. 이 비교 평가를 하기 위해서는 비교할 수 있는 지역을 알아야 한다. 이 상권이 좋은 곳인지를 판단하려면 비교군이 있어야 하는데, 90%의 사람은 비교군을 가지고 있지 않다. 그래서 본인은 상권분석을 하고 있다고 생각하지만 실제로는 감으로 판단하는 경우가 많다.

　나 역시도 2014년 'GS25' 편의점 점포 개발을 시작하면서 아무런 경험 없이 상권분석에 뛰어들었다. '임대인, 공인중개사와 어떻게 대화해야 하지?', '같은 지역을 열 번 넘게 돌아다녀도 어떤 상가가 좋은지 도저히 모르겠어', '적정 임차 조건과 권리금은 어떻게 판단해야 할까?'같이 처음에는 무엇을 어떻게 해야 할지 감조차 잡을 수 없었다.

　60일 동안 선배들을 따라다니며 배후세대 조사, 유동인구 확인, 공인중개사와 대화, 점주와 상담, 임차 조건 협상, 현장 발품 노하우, 부동산 이슈 사항 관리까지 점포 개발과 관련된 모든 것들을 배웠다. 그렇게 2개월이 지나 첫 매장을 열게 됐다. 하지만 여전히 돈 버는 상가와 망하는 상가가 구분되지 않았다. 그리고 이후 스무 번 이상 점포 개발을 하고 나서야 깨달은 사실이 하나 있었다.

상권분석 7단계 프로세스

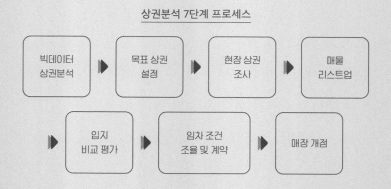

상권분석은 결국 케이스 스터디며 직접 경험하지 않으면 제대로 할 수 없다는 것이다.

상권분석이 중요하다는 것은 모두가 알고 있다. 하지만 그 중요성을 알면서도 어디서부터 시작해야 할지 모른다. 나 역시 같은 과정을 겪었기에 그 심정을 누구보다 잘 이해한다. 왼쪽의 프로세스를 여러 번 경험해보지 않으면 상권분석은 막막할 수밖에 없다.

상권분석도 학습이 필요하다. 다만 이 모든 것을 혼자서 하기에는 무리가 있다. 내가 운영하는 '부자창업 스쿨'에서 상권분석 세미나를 매월 1회 진행하고 있다. 이 세미나에만 참여해도 상권에 대한 이해도가 크게 올라갈 것이다. 오른쪽 QR 코드를 통해 입장하면 된다.

상권분석도 제대로 하면 돈이 된다. 문제는 이것에 대해 제대로 알려주는 곳이 없다는 사실이다. 네이버 블로그나 유튜브에 잘못된 정보가 많아 상권분석을 알아가고 싶은 예비 창업자와 투자자를 혼란스럽게 만들기도 한다.

지금까지 본인이 알던 상권분석은 모두 지우고 이 책과 함께 A부터 Z까지 다시 정리하는 시간을 가져보길 바란다. 내가 11년 동안 현장에서 상권분석을 하면서 느낀 점들, 사람들이 어떤 점에서 상권분석을 힘들어 하는지, 그리고 실전에 바로 활용할 수 있는 인사이트를 이 책에 가득 담았다.

책에서 가장 중요하게 다루는 것은 크게 5가지다.

❶ 상권분석은 부동산 이야기가 아니다

❷ 상권분석은 '손품+발품'의 조합이다

❸ 상권분석 절대 기준 3가지

❹ 상권분석 = 비교 평가

❺ 지도를 구조화하는 방법

마지막으로 당부하고 싶은 것은 책을 읽고 알게 된 지식을 반드시 현장에서 활용해야 한다는 점이다. 얻은 것을 활용하지 않으면 아무런 소용이 없다.

이 책을 읽고 나서 상권분석에 대해 여전히 풀리지 않는 궁금증이 있다면 내 인스타그램(@different.start)이나 이메일(dstartclass@gmail.com)로 연락 주길 바란다. 이 책을 통해 돈이 되는 인사이트를 가득 얻어가길 기원한다.

2025년 5월

이홍규 드림

차례

Chapter 3 | **돈의 흐름을 찾아내는 지도 보는 법 : 구조화하기**

Chapter 4 | **돈 버는 상가, 망하는 상가를 찾는 실전 노하우**
: 전문가의 프로세스 그대로 따라 하기

Chapter

11년 차 상권분석 전문가의 인사이트

: 생각의 기준 만들기

01 상권분석은 부동산 이야기가 아니다

상권분석을 무엇이라고 생각하냐고 질문하면 보통 다음과 같은 대답으로 돌아온다.

상권분석은 사람 많은 곳을 찾는 거 아닌가요?
잘 알려진 대형 브랜드가 많은 곳이면 좋은 상권인 거죠?
내 투자 금액에 맞는 가성비 좋은 상권을 찾는 방법이요.

대부분 사람은 부동산 관점에서만 상권분석을 생각한다. 하지만 상권분석은 부동산만의 이야기가 아니다. 상업용 부동산의 가치는 '콘텐츠'와 '부동산'을 함께 살펴야 하며 부동산 관점에서만 보는 시선에서 벗어나야 한다.

상권분석의 개념

상권분석은 부동산만의 이야기가 아니다

상권분석은 콘텐츠와 부동산의 조합이다. 즉, 좋은 상가를 찾는 게임이 아니라 브랜드와 적합한 상가를 찾는 게임이다. [그림 1-1]은 서울 마포구 상암DMC 상권이다. 빨간색 화살표 라인이 오피스 밀집 지역과 지하철역을 연결하는 주요 동선으로, 퇴근한 직장인들의 회식과 술 모임으로 가장 활성화되는 동선이다. 그렇다면 이 동선에서 영업을 하면 안정적인 매출이 나올까? 꼭 그렇지만은 않다. 왜냐하면 좋은 위치가 높은 매출을 보장하지는 않기 때문이다.

[그림 1-2]의 A 상가는 기존에 초밥 가게였는데, 주요 동선에 위치하고 있음에도 불구하고 매출이 저조했다. 이유는 상가의 위치는 좋으나 상권과 콘텐츠의 결이 맞지 않았기 때문이다. 직장인들은 1시간 남짓의 점심시간을 회사 인근([그림 1-1]의 오피스 배후세대 영

그림 1-1 상암DMC 상권과 배후세대

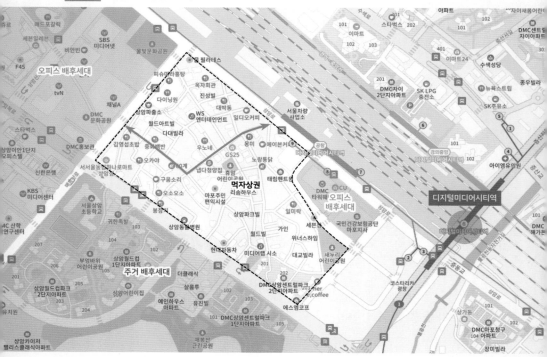

역)에서 보냈으며 A 상가가 위치한 골목으로는 잘 유입되지 않았
다. 이 골목은 점심 소비보다 직장인들의 퇴근 시간대인 19시 이
후에 소비가 활성화돼 매출이 상승하는 곳이었다.

그런데 당시 그 초밥 가게의 외부 인테리어와 메뉴 구성은 점
심 식사에만 집중돼 있었다. 즉, 매장의 위치는 저녁 시간대 매출
이 강한 상권에 있었지만 콘텐츠는 점심 시간대 매출에 맞춰져 있
었던 것이다. 결국 콘텐츠는 주간 매출에, 부동산은 야간 매출에
특화된 상반된 특성을 보였다.

그림 1-2 상암DMC 먹자골목의 야간 동선

　　같은 상권에서 콘텐츠와 부동산의 결이 어긋났던 사례는 또 있다. 과거 [그림 1-2]의 B 상가는 누구나 아는 유명 중식 프랜차이즈 브랜드 매장이었다. 상가의 전면 길이가 8m 이상이라 가시성이 좋았고 당시 주요 동선에는 30평 규모의 매장이 흔치 않아 공간 경쟁력도 있었다. 이런 부동산적 장점에도 불구하고 식사 고객이 예상보다 적었다. A 상가처럼 이곳도 퇴근한 직장인들의 매출 비중이 높은 곳이었는데, 브랜드의 매출 피크 타임은 점심 시간대였다. 즉, 상권과 콘텐츠가 서로 맞지 않았던 것이다. [그림 1-3]에

그림 1-3 과거의 중식당(왼쪽)과 현재의 주점(오른쪽)

서 보듯이 현재는 주점으로 바뀌어 안정적인 매출을 보이고 있다.

상권분석을 제대로 하기 위해서는 부동산과 더불어 콘텐츠에 대한 이해가 필요하다. 같은 상가라도 어떤 콘텐츠를 운영하냐에 따라 매출이 완전히 달라지기 때문이다. 예비 창업자라면 무작정 좋은 상권을 찾기보다 먼저 본인의 콘텐츠와 맞는 상권이 어디인지 살펴봐야 한다. 상가 투자자 역시 부동산적 관점만 보지 말고 본인의 건물에 어떤 콘텐츠가 입점할 수 있을지 임차인 관점에서 이해해야 한다. 이렇게 해야만 상가 투자자들의 고질적 스트레스인 공실 문제를 해결할 수 있다.

일반적으로 자영업자는 콘텐츠에 대한 경험이 풍부하고 상가 투자자는 부동산에 대한 경험이 많다. 이제는 이 2가지를 효과적으로 조합해야 한다. 상권분석을 통해 시작점이 다른 투자를 하기 위해서는 콘텐츠와 부동산 모두에 대한 이해가 필수다. 한 번 결정된 상가의 위치는 바꾸기 어려우므로 차별화된 투자를 하기 위해서는 이 2가지 관점을 제대로 이해해야 한다.

콘텐츠와 부동산의 조합

상권분석 = 콘텐츠 + 부동산

최근 자영업자들은 건물을 직접 소유하려 하고 상가 투자자들은 본인 건물에서 사업을 직접 운영하려는 경향이 늘고 있다. 이런 현상을 보면 콘텐츠와 부동산의 영역이 하나로 융합되고 있다고 볼 수 있다.

상권분석에 있어 콘텐츠란?

상권분석을 위한 콘텐츠 정리에는 3가지 요소가 필요하다. 첫 번째는 브랜드다. 브랜드는 크게 '콘텐츠 자체에 대한 이야기'와 '대표자 본인에 대한 이야기'로 나눠 살펴볼 수 있다. 먼저 브랜드는 아이템이 아니라 콘텐츠의 관점으로 정의해야 한다. 가령 서울 중구 을지로의 '올디스타코'는 간단하게 테이크아웃을 할 수 있는 길거리 음식 콘셉트의 음식점이지만, 프랜차이즈 브랜드 '갓잇'은 2인 세트 기준 3만 원 중반대의 가격 구성에 '데이트 맛집', '모임 맛집' 콘셉트의 음식점이다. 타코라는 동일한 아이템

그림 1-4 '올디스타코(왼쪽)'와 '갓잇(오른쪽)'

을 판매하지만 콘텐츠 정체성이 다른 것이다. 즉, 콘텐츠 관점에서 정의된 브랜드 방향성에 따라 좋은 상권과 입지가 180도 달라질 수 있다.

콘텐츠에 대한 이야기

- 브랜드(프랜차이즈 매장, 개인 매장)의 매출액은 얼마인가?

- 어떤 상권에서 높은 매출과 낮은 매출이 나오는가?

- 브랜드를 주로 이용하는 고객층은 누구인가?

- 구매 객단가가 높은 브랜드인가, 낮은 브랜드인가?

- 평균적인 매출 피크 타임은 어떻게 구성되는가?

대표자가 어떤 목표를 가지고 있는지도 콘텐츠를 정의하는 데 중요한 요소다. 운영 전략이 완전히 달라질 수 있기 때문이다. 프랜차이즈 브랜드 매장을 운영하고 싶은 것인지, 직영으로 여러 매장을 운영하고 싶은 것인지, 아니면 공실로 방치된 공간을 임대인이 직접 활용하기 위한 것인지에 따라 창업할 매장의 전략도 달라져야 한다.

대표자에 대한 이야기

- 지금까지 창업과 관련된 어떤 경험을 가지고 있는가?
- 1, 3, 5년 후의 목표는 무엇인가?
- 과거 운영했던 매장이 몇 개인가?
- 유튜브나 방송 출연을 했던 매장이 있는가?
- 매장에 얼마만큼의 시간을 투자할 수 있는가?

두 번째는 타깃 고객이다. '고객 페르소나'라는 것이 있다. 본인 매장을 이용할 가장 이상적인 고객이 누구인지 정리하는 방법으로, 가상의 인물을 만들어내는 것과 같다. 예를 들어 '이 브랜드의 주요 고객은 누구인가요?'라고 질문하면 '2030 여성입니다'라는 대답은 너무 추상적이다. 구체적으로 '이제 막 회사에 취직한 26세의 김영희 씨입니다'같이 실제 있을 법한 가상의 인물을 만들어내야 한다.

그런데 의외로 많은 사람이 타깃 고객 설정을 본인의 감에 의존한다. 세상에 추상적인 전략은 존재하지 않는다. 전략은 구체적이

어야 한다. '더현대 서울'의 경우 2015년 백화점 개점을 기획하면서 고객 페르소나를 9가지 유형으로 규정했다. 이처럼 고객을 분석하는 이유는 기준이 되는 페르소나를 통해 사람들의 숨은 니즈를 파악하고 그에 맞는 전략을 세우기 위함이다.

물론 대기업의 전문적인 마케터나 기획자 수준으로 타깃 고객을 설정하기에는 현실적인 어려움이 있다. 하지만 이런 과정을 고민한 사람과 그렇지 않은 사람의 운영 전략에는 큰 차이가 생길 수밖에 없다. 그러니 완벽하지 않더라도 고객을 관찰하려는 태도가 중요하다.

단순히 본인의 감이나 과거 경험만으로 결론을 내려서는 안 된다. 고객이 매장에서 진정으로 원하는 것이 무엇인지 깊이 생각해 봐야 한다. 단순히 끼니를 해결하려는 것인지, 연인과 데이트하기 좋은 트렌디한 공간을 찾는 것인지, 조용히 술을 마시며 대화 나눌 장소가 필요한 것인지 등을 파악해야 한다. 또한 고객이 불만을 가질 만한 요소는 무엇인지, 목표 고객층이 선호하는 브랜드와 그 이유는 무엇인지, 유튜브에서는 어떤 콘텐츠를 즐겨 보는지 등을 면밀히 분석할 필요가 있다.

아울러 검색으로 알 수 있는 고객에 대한 온라인상 정보와 현장에서 알 수 있는 고객에 대한 정보를 관찰해야 한다. 고객을 심층적으로 이해하게 됐을 때야말로 비로소 위치, 마케팅 전략, 인테리어의 톤앤매너, 메뉴 카피라이팅 등의 많은 요소를 날카롭게 활용할 수 있다. 이건 요식업뿐 아니라 병의원, 운동 시설, 패션 등 모든 오프라인 업종에 적용할 수 있다.

세 번째는 경쟁자다. 즉, '내 매장의 경쟁자는 누구인가'다. 스스로에게 질문해보길 바란다. 본인이 운영할 매장의 가장 강력한 경쟁자가 누구인지 고민해봤는가. 나는 자신이 운영하면 남들과 다르다는 생각으로 매장의 콘셉트, 인테리어, 메뉴에만 몰두하는 경우를 정말 많이 봤다. 하지만 이보다 선행돼야 하는 것이 있다. 같은 지역 내 견제해야 하는 다른 매장이 잘하는 것은 무엇인지, 다른 지역에 있는 줄 서는 맛집은 차별점이 무엇인지 등을 벤치마킹하는 작업이 상권분석을 할 때부터 진행돼야 한다. 경쟁자에 대한 다음 요소들만 파악해도 본인 매장에 대한 자기 객관화가 쉬워진다.

- 직원 유니폼, 가구 배치, 테이블 크기는 어떤지
- 고객이 매장에 들어왔을 때 어떤 서비스를 제공하는지
- 오프라인 인테리어와 아웃테리어, 각종 사인물은 어느 수준인지
- 온라인에서 주로 어떤 키워드를 사용하고 어떤 채널을 이용하는지

이렇게 콘텐츠에 대한 정리가 완료된 이후에 비로소 본인의 브랜드가 어떤 부동산을 선택해야 할지에 대한 고민을 시작할 수 있다. 나는 2024년 8월 부산에서 한의원 개원을 희망하는 분과 상담한 적이 있다. 상담 당시는 어떤 연령대를 공략해야 할지 확립되

지 않아 바로 상담에 들어가기보다 콘텐츠 정리부터 진행했다. 해당 한의원을 운영할 운영자의 콘텐츠 전략이 나오지 않으면 필요 면적이나 목표 상권 설정 등의 상권분석을 제대로 시작할 수 없기 때문이다. 그래서 상권분석 상담 전 고객 비즈니스 상황에 대한 전체적인 파악을 위해 BMCBusiness Model Canvas 질문지를 작성한 후 실질적인 컨설팅에 들어갔다.

상권분석은 단순히 부동산만의 이야기가 아니다. 그래서 콘텐츠에 대한 객관화가 선행돼야 한다. 이런 과정 없이 마구잡이로 현장만 돌아다니면 상권분석이 아니라 성과 없는 발품만 파는 것이 되고 만다. 이는 눈을 감고 활시위를 당기는 것과 같다. 사업 시작부터 전략 없이 운과 행운에만 의존한다면 성공 가능성은 한없이 낮아질 뿐이다.

───────── 부동산을 바라보는 절대 기준 3가지

콘텐츠에 대한 정리가 완료됐다면 다음으로 부동산을 바라보는 절대 기준 3가지를 이해해야 한다. 첫 번째는 배후세대다. 배후세대를 파악하는 것은 해당 상권에 얼마나 많은 사람이 있는지 확인하는 것이다. 서울 강남은 대한민국 넘버원 상권이다. 이유는 우리나라에서 유동인구가 가장 많은 곳이기 때문이다. 강남은 주거, 오피스, 교통, 유흥, 학원 등 모든 요소를 다 갖추고 있다. 결국 좋은 상권은 배후세대 규모를 기준으로 판단할 수 있으며 좀 더 세부적으로는 3가지 종류로 나눠 살펴볼 수 있다.

❶ 주거 배후세대 : 이곳에 살고 있는 사람들

❷ 오피스 배후세대 : 이곳에 일하고 있는 사람들

❸ 외부 배후세대 : 이곳에 거주하지도 않고 근무하지도 않지만 외부에서 찾아오는 사람들

배후세대 수를 측정하는 방법은 64쪽에서 자세히 다뤘으니 참고하길 바란다. 그렇다면 배후세대가 많으면 좋은 상권일까? 단순히 생각하면 맞는 말 같다. 하지만 좀 더 깊이 생각해볼 필요가 있다.

[그림 1-5]는 '엑스레이맵'을 통해 살펴본 인천의 지하철 부평역과 동암역의 반경 1km 배후세대 정보다. 부평역의 배후세대 수는 아파트 기준 약 1만 1,500세대, 동암역은 약 1만 4,500세대다. 배후세대 규모가 이렇다면 동암역은 부평역보다 좋은 상권일까? 그렇지 않다. 단순히 배후세대 규모만으로 상권을 비교 평가하면 오류가 발생한다. 그래서 두 번째 기준이 중요하다. 배후세대가 얼마나 많은지도 중요하지만 그 사람들이 어디서 소비하는지 동선을 파악하는 것 역시 중요하다.

두 번째 절대 기준은 생활동선이다. 우리가 궁극적으로 주목해

그림 1-5   '엑스레이맵'의 부평역과 동암역 배후세대 정보

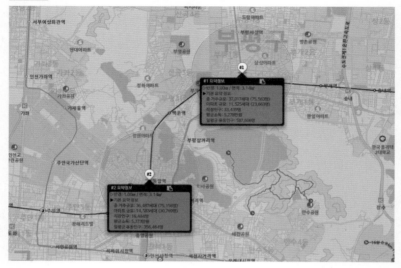

야 하는 것은 배후세대가 얼마나 많은지가 아니라 그 배후세대가
어디서 소비하고 어떤 생활 패턴을 보이는지다. 사람이 많은 곳
이 좋은 상권이라는 것은 누구나 인정할 것이다. 그래서 실수를
한다. 배후세대가 많으면 좋은 상권이라고 착각하기 때문이다. 중
요한 것은 그 배후세대의 동선을 살피는 것이다. 인근 배후세대가
아무리 많아도 상가의 위치가 사람들의 생활동선에서 벗어나 있
으면 그 상가는 임차인 입장에서는 매출이 나오지 않는 D급 자리
가 되고, 임대인 입장에서는 근처에 위치한 상가들보다 공실률이
높고 임차 조건도 낮아질 수밖에 없다.

　의외로 많은 사람이 상권분석을 하면서 이상한 결과 값을 도출
하는 이유 중 하나가 상권에 대한 평가를 반경 기준으로 하기 때

문이다. 서울 지하철 이수역 상권을 통해 왜 반경을 기준으로 상권분석을 하면 안 되는지 설명해보겠다.

[그림 1-6]의 A와 B 상가는 물리적인 거리는 가깝지만 입지 특징이 완전히 다르다. 그런데 A와 B 두 상가를 반경 기준으로 분석하면 제대로 된 비교 평가가 불가능하다. 왜냐하면 사람들의 생활동선을 전혀 고려하지 않았기 때문이다. 거리가 가깝다고 해서 그 영역이 본인 상가가 있는 상권 범위에 들어오는 것이 아니다. 거리가 가까워도 상권 범위에서 벗어나는 경우도 많다.

사람들의 생활동선을 고려해 상권 범위를 제대로 그려보면 [그림 1-7]과 같은 분석이 가능하다. 경사도, 대중교통 연결성, 먹자

그림 1-6 이수역 인근 A와 B 상가의 반경 500m

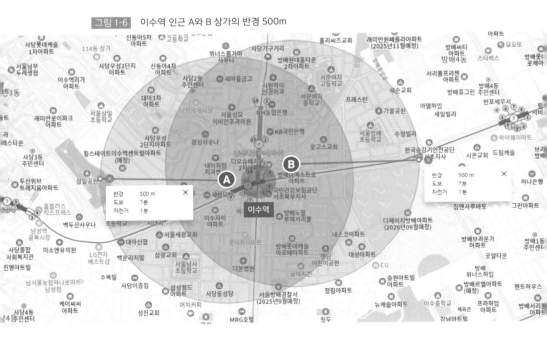

그림 1-7　이수역 인근 A와 B 상가의 상권 범위

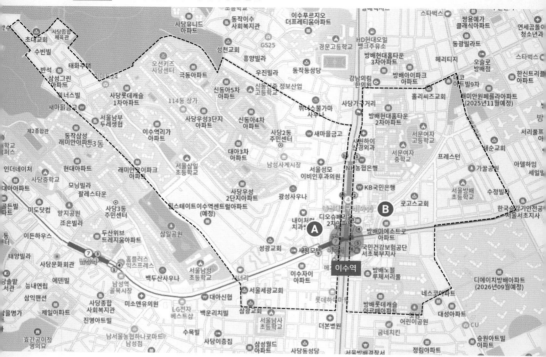

골목, 전통시장 등 다양한 요인으로 인해 상가의 상권 범위는 달라진다. 물론 대로변의 횡단보도나 콘텐츠 매력도로 인해 상권의 범위는 얼마든지 확장 가능하다.

　그래서 개별 상가의 상권 범위를 정확하게 측정하기 위해서는 먼저 배후세대와 생활동선의 관점에서 상권분석을 한 후 실제 콘텐츠의 특징을 고려해 상권 범위가 확장 가능한지 불가능한지, 가능하다면 어디까지 확장 가능한지 두 단계로 나눠서 분석해야 한다.

　예시 하나를 더 살펴보자. [그림 1-8]은 서울 동대문구 전농동

그림 1-8   전농동 상권의 배후세대와 생활동선

상권이다. 이곳 래미안크레시티 아파트와 동대문롯데캐슬노블
레스 아파트에 거주하는 사람들의 생활동선은 어떻게 될까? 실
제 현장에 가보면 [그림 1-8]의 B 방향보다 A 방향으로 생활동선
이 더 크게 나타나는 것을 확인할 수 있다.

　A 방향은 청량리역으로 향하는 동선으로, 대중교통을 이용하기
위한 생활동선이 만들어진다. 반면에 B 방향은 아파트 거주민의
생활동선 연결성이 좋지 않다. 전농동사거리 방향에 사람들이 이
용할 수 있는 시설물이 많지 않아 주거 배후세대가 굳이 이 골목

으로 가야 하는 큰 이유가 없기 때문이다. 2018년 래미안미드카운티 아파트가 입주한 후부터 전농동사거리 상권이 과거보다 환경이 좋아지긴 했으나 A 방향과 B 방향의 차이는 여전히 크다. 이곳을 생활동선에 대한 고려를 하지 않은 채 오로지 배후세대 관점에서만 분석하면 A 방향 동선에 있는 상가와 B 방향 동선에 있는 상가는 큰 차이가 없다는 엉뚱한 결론을 내리게 된다.

이번 단원에서는 '생활동선이 이런 것을 의미하구나' 정도로 이해하는 수준에서 가볍게 보면 된다. 95쪽에서 실제 생활동선이 어떻게 만들어지는지 살펴봄으로써 배후세대를 바탕으로 상권 내 1입지(1등 입지)를 찾는 핵심 노하우를 알려주겠다.

세 번째 절대 기준은 경쟁강도다. 배후세대가 많고 생활동선 연결성이 좋다고 해서 꼭 좋은 상권은 아니다. 세상에 독점 상권은 존재하지 않는다. 마지막으로 경쟁강도를 판단해야 한다. 경쟁강도는 콘텐츠와 부동산 2가지로 나눠서 살펴봐야 한다.

❶ 콘텐츠 경쟁강도 : 유사 업종의 매출액·면적·브랜드 매력도 등
❷ 부동산 경쟁강도 : 임차 조건 차이, 지역 내 공실률, 면적, 배후세대 대비
　　상가 공급량, 권리금 시세 등

콘텐츠 경쟁강도 분석의 핵심은 '본인 매장과 직접적인 경쟁 매장은 어떤 곳인가'다. 좀 더 세부적으로 나누면 다음과 같다.

- 사람들은 왜 그 매장에 갈까?

- 사람들이 그 매장을 재방문하는 이유는 무엇일까?

- 이 상권에 매장을 내면 내 브랜드는 어떤 차별성을 가질 수 있을까?

- 해당 지역에서 줄 서는 매장과 파리만 날리는 매장은 어떤 차이가 있을까?

위 질문들을 통해 단순한 비교를 넘어 고객들의 심리와 행동 패턴, 매장의 성공 요인을 다각도로 분석할 수 있다. 그런데 콘텐츠 경쟁강도를 분석하는 과정에서 10명 중 9명은 실수를 범한다. 바로 동일 업종만 경쟁자라고 생각하는 것이다. 콘텐츠 경쟁강도를 실수 없이 현실적으로 분석할 수 있는 방법은 105쪽에서 자세히 설명했다.

부동산 관점의 경쟁강도는 크게 5가지 기준으로 분석할 수 있다.

1. 임차 조건 차이

인근 지역 대비 임차 조건 차이, 특히 상가 투자자라면 건물 리모델링이나 신축을 할 경우 유사 지역의 임차 조건을 구체적으로 정리해봐야 한다. 신축 건물이 구축 건물 대비 보증금과 월세가 높게 형성되는 것은 맞지만 금액 차이가 너무 크다면 임차인들에게 외면받을 수밖에 없다. 현재 서울 강남 일대에 장기간 공실로 남아 있는 상가들은 그 이유가 불경기 때문이 아니라 애초에 수익률 판단이 잘못된 경우가 많다.

2. 지역 내 공실률

공실률은 해당 지역의 상가 공급량과 배후세대 수요가 적절한 균형을 이루고 있는지를 보여주는 지표다. 빅데이터를 통한 분석보다 직접 현장을 방문해 지역 내 공실 현황과 전반적인 분위기를 파악하는 것이 더 중요하다.

3. 면적

상가의 면적도 경쟁력이 될 수 있다는 사실을 알고 있는가? 요즘은 업종 가릴 것 없이 무한 경쟁의 시대다. F&BFood and Beverage, 병의원, 운동 시설, 편의점 업종에서는 경쟁 매장과의 차별화를 위해 더 큰 면적에서 콘텐츠를 운영하는 전략을 사용하고 있다.

예를 들어 편의점의 경우 20평 면적의 매장보다 40평 규모의 대형 매장이 더 다양한 상품을 진열할 수 있다. 다른 편의점이 갖추지 못한 특화 상품(주류, 1차 식품, 냉장 식품 등)을 구비하고 식사 공간도 확보할 수 있는 것이다. 운동 시설도 마찬가지다. 100평 면적의 헬스장도 작은 규모가 아니지만 같은 지역에 200평 규모의 대형 헬스장이 들어오면 주변 헬스장들의 기존 회원 이탈과 신규 회원 확보가 어려워진다. 병의원도 같은 이유로 더 큰 면적을 선호하는 추세다.

인근 상가 대비 넓은 면적의 상가는 임차인들에게 매력적인 선택지가 될 수밖에 없다. 서울 지하철 서울대입구역 인근의 샤로수길과 용산구 용리단길 상권이 이를 잘 보여준다. 두 상권은 주거용 건물이 상권 발달로 인해 상업용으로 용도 변경된 곳이라는 공통점이 있다. 이런 특성 때문에 30평 이상의 넓은 면적의 상가를 찾기가 어려우며 대부분 상가가 20평 미만이다. 그래서 넓은 면적의 상가는 권리금이 특히 높게 형성돼 있다. 임대인 역시 30평 이상의 면적을 보유한 경우 더 높은 임차 조건을 제시할 수 있다는 이점을 가지고 있다.

4. 배후세대 대비 상가 공급량

상권 내 새롭게 공급되는 상가가 너무 많은 것이 아닌지도 상권 분석 단계에서 살펴보면 좋다. 인천 송도 1공구의 경우 송도학원가 상권이라 불릴 정도로 학원이 밀집된 곳이다. '호갱노노' 학원가 데이터를 살펴보면 인천에서 학원 밀집도 1위를 차지하고 있는 상권이다. 그런데 인근 배후세대 대비 상가 공급량이 많다는 단점도 가지고 있다. 학원을 운영하기에는 좋은 지역이지만 1층에 자리 잡아야 하는 F&B 매장 기준에서는 상가 공급량이 많아 사람들의 생활동선이 분산되는 경향이 있고, 이런 이유로 F&B 매장의 매출 볼륨이 학원 규모 대비 낮은 편이다.

또한 송도 1공구에는 앞으로도 상가가 들어설 수 있는 토지가 남아 있어 배후세대 대비 상가 공급량이 너무 많은 건 아닌지 충분한 고민이 필요한 지역 중 하나다.

그림1-9 '호갱노노'의 송도학원가 상권 학원 수

229개
인천 1위

16개

63개

5. 권리금 시세

분석하고자 하는 상권의 권리금 형성 현황은 해당 지역의 부동
산 경쟁강도를 판단하는 데 매우 유용한 지표로 활용될 수 있다.
권리금이 높게 형성돼 있다는 사실은 해당 지역의 매출 잠재력이
우수하고 그 장소에서 사업을 시작하고자 하는 수요가 상당히 높
음을 의미한다. 다시 말해, 권리금이 형성된 곳과 그렇지 않은 곳
사이에는 상권의 잠재력 측면에서 상당한 차이가 존재한다.

일반적으로 상가 투자자들 사이에는 '임차인 입장도 아닌데, 권
리금을 파악할 필요가 있을까?'라는 의문이 자주 제기된다. 하지
만 권리금 수준을 면밀히 파악하는 일은 매우 중요하다. 이를 통
해 해당 상권의 임차 수요 강도를 가늠할 수 있을 뿐 아니라 실제
매장을 운영 중인 임차인들의 수익성은 어느 정도인지, 그리고 해
당 상권의 전반적인 경쟁력은 어떤지를 종합적으로 예측해볼 수

있기 때문이다. 권리금은 단순한 금액 이상의 의미를 지니며 상권의 현재와 미래 가치를 보여주는 중요한 지표다.

독점적으로 영업 가능한 배후세대 범위

= 최소 이 정도 범위는 내 매장을 주로 방문할 가능성이 높음

⇒ 최소 배후세대 = 핵심 배후세대

A 상가의 배후세대 구분

위 지도는 서울 여의도 KBS본관 상권이다. A 상가는 빨간색 영역의 배후세대를 주요 고객(KBS본관 근무자)으로 삼아 영업이 가능하다. 파란색 영역의 사람들도 방문할 수 있지만 왕복 4차선 도로를 건너와 A 상가를 방문하는 비율은 높지 않을 것이다. 따라서 상권의 배후세대 분석 시 A 상가의 경우 빨간색 영역을 중점적으로 봐야 한다. 이렇게 보면 인근 배후세대(파란색 영역)와 독점적으로 영업 가능한 핵심 배후세대(빨간색 영역)의 차이가 잘 보일 것이다.

그렇다면 독점적으로 영업 가능한 배후세대 범위는 어떻게 파악할까? 책상에 앉아 지도를 살펴보는 것만으로는 정확한 파악이 어렵다. 지형의 특성(언

덕의 존재 여부 등), 도로의 폭과 교통 상황, 상가의 가시성과 접근성 등 다양한 현장 요소들이 실제 고객 유입에 영향을 미치기 때문이다. 반드시 현장 답사를 통해 핵심 배후세대 범위에 대한 세밀한 분석이 필요하다.

내가 활용하는 효과적인 방법은 고객 입장에서 생각해보는 것이다. '만약 내가 이 지역에 살거나 일한다면 어느 정도 거리까지 이동할 의향이 있을까?'라는 고객의 관점에서 소비 동선을 분석하는 것이다. 이런 역지사지의 시각은 실제 고객들의 행동 패턴을 예측하는 데 매우 유용하다. 가능하다면 현장에서 사람들의 움직임을 따라가보길 추천한다. 직장인들이 점심 식사를 하고자 어디까지 이동하는지, 저녁에 술자리를 가지러 주로 어디를 가는지 등 사람들의 동선을 따라가다 보면 핵심 배후세대 범위가 어디까지인지 판단하기가 보다 쉬워진다.

핵심 배후세대에 대한 분석이 특히 중요한 업종들이 있다. 상권 범위가 제한적인 편의점, 무인 매장(카페, 코인 세탁소, 아이스크림 전문점 등), 그리고 일상적인 식사를 제공하는 식당이나 카페같이 특별한 방문 목적성이 낮은 업종들이 여기에 해당한다. 이런 업종들은 외부 고객 유입이나 광고, 마케팅을 통한 고객 확보가 상대적으로 어려워 핵심 배후세대 규모와 특성이 실질적인 매출에 직접적인 영향을 준다.

02 빅데이터 상권분석이 쓰레기가 되는 이유

이제 상권분석은 빅데이터만 잘 활용하면 20분이면 간단하게 끝낼 수 있다?

최근 자영업자와 상가 투자자 사이에서 빅데이터 상권분석이 필수 도구로 자리 잡고 있다. 다양한 사이트에서 제공하는 데이터만 활용하면 상권에 대한 모든 것을 알 수 있는 것처럼 보이지만, 과연 그럴까? 이번 단원에서는 빅데이터 상권분석이 가진 한계를 짚어보고 효과적인 상권분석을 위해 반드시 고려해야 할 요소들을 정리해봤다.

빅데이터 상권분석에 대한 무한 신뢰

상권분석에 있어 예전에는 쉽게 알 수 없었던 배후세대, 유동인구, 경쟁사 매출액, 시간대별 결제 비중 등의 데이터를 이제는 어렵지 않게 알 수 있다. 그래서인지 몰라도 상권분석에 대해 크게 신경 쓰지 않는 예비 창업자도 더러 만난 적이 있다. 하지만 '오픈업', '나이스비즈맵', '소상공인365', '마이프차' 등에서 제공하는 빅데이터만으로는 실질적인 상권분석은 불가능하다.

챗GPT가 등장하면서 그림, 엑셀, 코딩의 영역까지 AI가 해주는 편리한 시대가 됐지만, 나는 아무리 기술이 발전해도 상권분석에 대한 결론을 도출하는 것은 여전히 불가능하다고 말하고 싶다. 빅데이터만으로는 정말 필요한 정보인 A 입지(상가)가 좋은지, B 입지(상가)가 좋은지 판단할 수 없기 때문이다.

[그림 1-10]을 살펴보자. 빅데이터를 통해 상권분석을 하면 서울 마포구의 홍대 상권이 좋은지, 합정 상권이 좋은지는 어느 정도 판단이 가능하다. 지하철역 승하차 인원, 배후세대, 매출 규모를 보면 분명 홍대 상권 데이터가 높게 나타나기 때문에 합정 상권보다 홍대 상권이 좋다는 결론을 내릴 수 있다. 이처럼 지역에 대한 데이터를 정리하면 어느 상권이 더 좋은지에 대한 판단은 어렵지 않게 할 수 있다.

그런데 빅데이터만 가지고 [그림 1-10]의 A 입지가 좋은지, B 입지가 좋은지에 대한 비교 평가가 가능할까? 불가능하다. 확인해

그림 1-10　홍대 상권과 합정 상권

야 할 요소가 너무나도 많고 다양하기 때문이다. 생활동선 연결성을 비롯해 도로 폭, 상가 전면 길이, 전면 공간 활용 여부, 주정차 가능 여부, 임차 조건 차이 등까지 확인해야 한다. 무엇보다 투자자라면 이 상가를 활용하려는 목적이 무엇인지, 운영자라면 브랜드가 가진 특징이 무엇인지에 따라서도 선택의 기준이 180도 달라진다.

　상가는 주거용 부동산과 달리 개별성이 강하다. 단 10m 거리 차이로 매매가가 달라지기도 한다. 이런 이유들로 인해 빅데이터를 통한 상권분석은 완벽할 수 없다. 결국 빅데이터를 잘 활용하되 그 한계점에 대해 인지해야 한다.

　상권분석에서 '빅데이터 분석=손품', '현장 임장=발품'이다. 손품을 통해서는 지역 분위기 파악과 상권에 대한 비교 평가가 가능하다. 그리고 발품을 통해서는 사람들의 생활동선을 비롯해 상가의 기둥 유무, 전면 길이, 내부 구조, 골목 너비 등 세부적인 요소를 실제로 보고 파악할 수 있다.

결국 상권분석은 손품과 발품의 조합이다. 하나만 가지고는 제대로 된 분석을 할 수 없다. 빅데이터를 통한 상권분석은 큰 틀에서의 정리는 가능하지만 A 입지가 좋은지, B 입지가 좋은지 결론을 내리기에는 너무나 부족하다.

——————— '소상공인365'는 믿을 만할까?

'소상공인365'는 과거에 나도 많이 활용했던 상권분석 도구다. 무료 서비스이면서 지역과 업종을 선택하면 상권분석 보고서를 만들어주기 때문에 이를 활용하는 자영업자가 많다. 그래서 처음 이 서비스를 알게 된 사람들이 한결같이 하는 말이 있다.

이런 게 있었군요! 지금까지 발품만 팔았는데, 이제 상권분석을 제대로 할 수 있겠어요.
이것만 잘 활용하면 앞으로 상권분석 걱정은 끝났네요.

그림 1-11 '소상공인365'의 상권분석 자료 예시

　'소상공인365' 서비스를 이용하면 [그림 1-11]의 개인이 알 수 없는 매출 정보, 유동인구 데이터, 업소 수 등을 확인할 수 있다. 하지만 '소상공인365'가 분명 유용한 도구는 맞지만 이것만으로 상권분석을 완벽하게 소화하기에는 부족함이 있다. 우리가 상권분석을 하는 이유가 무엇인가. 어떤 위치의 상가를 선택하는 것이 더 돈이 되는지 판단하기 위함이다. 그런데 빅데이터 상권분석은 '상권에 대한 비교'는 가능할지 몰라도 '입지에 대한 판단'에는 전혀 도움이 되지 않는다. 가령 [그림 1-12]처럼 '소상공인365'를 이용하면 영역을 지정해 배후세대, 유동인구, 직장인구, 평균 연봉, 폐점 매장, 매출 추이 등의 여러 데이터를 확인할 수 있다. 하지만 이런 데이터만으로는 A 입지가 좋은지, B 입지가 좋은지에 대한 결정적인 인사이트는 얻을 수 없다.

　또한 빅데이터 상권분석은 덩어리 데이터기 때문에 개별 상가

그림 1-12 '소상공인365' 사용 예시

의 가치를 판단하는 데도 상당한 제약이 따른다. 예를 들어 서울 지하철 강남역 상권과 선릉역 상권 데이터를 비교하면 전체 상권의 흐름을 판단하는 데는 도움이 되지만 결국 우리가 결정해야 하는 A, B 상가 중 어디가 좋은 선택일지는 알 수 없다.

'소상공인365'에서 서울 지하철 당산역 상권의 '돼지고기 구이/ 찜' 업종에 대한 '상권분석 보고서'를 만들어봤다. [그림 1-13] 상단의 '분석영역' 그래프(초록색)는 당산역 상권의 매출액 추이고 '1km' 그래프(주황색)는 해당 거리에 있는 인근 지역 상권의 매출액 추이다. 이 데이터를 보면 당산역 상권은 인근 상권 대비 매출액이 높은 곳임을 알 수 있다.

또한 [그림 1-14]의 첫 번째 표를 보면 당산역 상권은 주말 매출 비중이 인근 상권 대비 높다는 것과 1주일 중 목, 금, 토요일 매

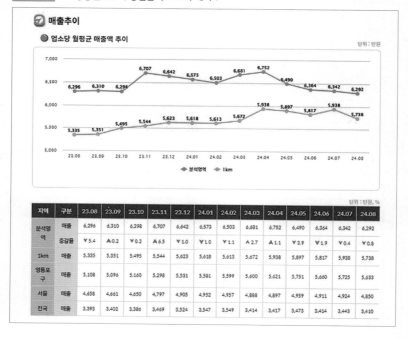

그림 1-13 '소상공인365'의 상권분석 보고서 예시 1

매출추이

업소당 월평균 매출액 추이

단위 : 만원

단위 : 만원, %

지역	구분	23.08	23.09	23.10	23.11	23.12	24.01	24.02	24.03	24.04	24.05	24.06	24.07	24.08
분석영역	매출	6,296	6,310	6,298	6,707	6,642	6,573	6,503	6,681	6,752	6,490	6,364	6,342	6,292
	증감률	▼5.4	▲0.2	▼0.2	▲6.5	▼1.0	▼1.0	▼1.1	▲2.7	▲1.1	▼3.9	▼1.9	▼0.4	▼0.8
1km	매출	5,335	5,351	5,495	5,544	5,623	5,618	5,613	5,672	5,938	5,897	5,817	5,938	5,738
영등포구	매출	5,108	5,096	5,160	5,298	5,531	5,581	5,599	5,600	5,621	5,751	5,660	5,725	5,633
서울	매출	4,658	4,661	4,650	4,797	4,905	4,952	4,957	4,888	4,897	4,959	4,911	4,924	4,850
전국	매출	3,393	3,402	3,386	3,469	3,524	3,547	3,549	3,414	3,417	3,473	3,414	3,443	3,410

출 비중이 높음을 알 수 있다. 그리고 두 번째 표의 시간대별 매출액을 보면 당산역 상권은 점심 시간대보다 17시 이후 저녁 시간대 매출이 높은, 야간상권이 강한 곳임을 알 수 있다.

'소상공인365'의 분석 내용 중 [그림 1-15]의 '유동인구'에서는 인사이트를 찾기 어렵다. 유동인구라는 것은 건물 앞이나 일정 골목을 기준으로 이곳에 얼마나 많은 사람이 다니냐에 대한 것인데, '당산역 상권'과 '1km 인근 지역'이라는 큰 영역을 기준으로 유동인구를 측정한다는 것은 의미가 없다.

'소상공인365'는 분석 영역과 1km 반경 영역을 비교해 보고서

그림 1-14　'소상공인365'의 상권분석 보고서 예시 2

⑦ 매출특성

● 시기별 매출특성

▶ 주중/주말, 요일별 월평균 매출액/매출건수 비율

단위: 만원, %

지역	구분	주중/주말		요일별						
		주중	주말	월	화	수	목	금	토	일
분석영역	매출액	906	882	678	762	895	932	1,263	971	793
	비율	50.7	49.3	10.8	12.1	14.2	14.8	20.1	15.4	12.6
	매출건수비율	56.1	43.9	11.3	14.0	16.2	15.2	19.5	13.2	10.7
1km	매출액	868	701	628	715	967	908	1,120	774	627
	비율	55.3	44.7	10.9	12.5	16.8	15.8	19.5	13.5	10.9
	매출건수비율	65.0	35.0	12.6	14.5	18.5	16.9	19.8	10.0	7.7

▶ 시간대별 월평균 매출액/매출건수 비율

단위: 만원, %

지역	구분	00~06시	06~11시	11~14시	14~17시	17~21시	21~24시
분석영역	매출액	0	37	533	471	5,015	238
	비율	0.0	0.6	8.5	7.5	79.7	3.8
	매출건수비율	0.0	2.3	17.9	6.2	67.9	5.8
1km	매출액	0	159	1,115	599	3,739	136
	비율	0.0	2.8	19.4	10.4	65.2	2.2
	매출건수비율	0.0	5.8	35.8	8.8	47.3	2.3

를 만들어준다. 이 분석 내용을 보면 당산역 상권은 매출 볼륨이 높은 좋은 상권이라는 결론을 내릴 수 있다. 하지만 이것으로 끝이다. 추가적인 인사이트를 도출해낼 수 없다. 빅데이터를 통해 인구 통계학적 데이터와 매출 데이터를 얻을 수 있음에도 불구하고 결국 어떤 위치의 상가를 선택해야 할지 모르는 이유가 바로 이것 때문이다.

　빅데이터 상권분석으로는 어떤 입지가 좋은지 판단할 수 없으므로 데이터가 알려주는 숫자에 큰 의미를 부여해서는 안 된다. 빅데이터 상권분석에서는 해석 방법이 중요하다. 단순히 배후세

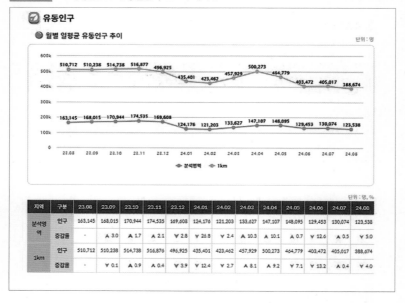

그림 1-15   '소상공인365'의 상권분석 보고서 예시 3

대 규모, 매출액, 개점과 폐점 매장 수 같은 데이터만으로 상권을 판단하면 오류가 생길 수밖에 없다. 데이터 분석으로 얻을 수 있는 정보는 숫자다. 이 숫자를 인사이트로 바꿀 수 있는 통찰력이 필요하다. 상권분석에 대한 기준과 프레임이 갖춰지지 않은 상태에서는 데이터에서 뽑아내는 숫자는 쓰레기에 불과하다.

상업용 부동산은 상권보다 입지가 더 중요하다. 빅데이터 상권분석에서 얻은 숫자를 돈 버는 인사이트로 바꾸는 방법은 다음 단원에서 자세히 알려주겠다.

상권 : 지역과 주요 시설물 분석

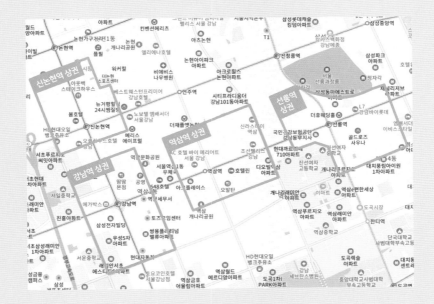

상권을 알고 있다는 것

⇒ 지역을 알고 있다!
  (이곳에 어떤 주요 시설물이 있는가)

지역 이해도가 높다는 것

⇒ 투자 기회가 많다!

⇒ 유사 상권을 찾아낼 수 있다!

입지 : 위치와 생활동선 분석, 세부적인 건물의 상태 확인

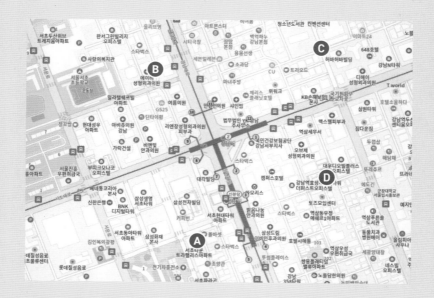

입지 보는 안목이 있다는 것

⇒ 비교 평가할 수 있는 기준을 알고 있다!

⇒ 이곳에 어떤 콘텐츠가 적합한지 예측 가능하다!

　(창업을 위한 상권분석, 임대인의 건물 MD 구성)

03 상권분석 고수들이 즐겨 쓰는 빅데이터 상권분석 사이트

빅데이터를 통한 상권분석은 해석 방법이 중요하다. 숫자를 의미 있는 인사이트로 바꿔야 실제 상권분석에 활용할 수 있다. 이번 단원에는 내가 가장 많이 활용하는 상권분석 사이트 4개를 정리했다.

오픈업 | 활용도 ★★★★★

경쟁 매장의 매출액이 궁금하다면?

1. 개별 매장의 월 매출액

'오픈업(www.openub.com)'에서는 [그림 1-16]처럼 개별 매장의 월 매출액을 추정할 수 있다. 실제 매출액과 대조해보면 100% 정

그림 1-16   '오픈업'의 개별 매장 월 매출액 예시

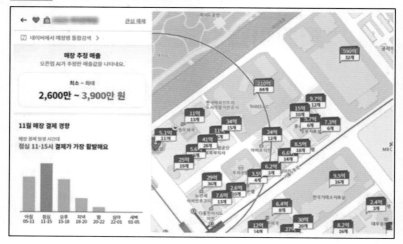

확하다고는 할 수 없지만 어느 정도 일치한다는 것이 실제 매장을
운영하는 대표들의 공통되는 의견이다.

과거에는 경쟁 매장의 매출액을 확인하려면 최소 1주일 이상의
시간 투자가 필요했다. 가장 많이 사용하던 방법은 매장 오픈과
마감 시점에 실제로 해당 매장에서 물건을 구매해 영수증을 받아
서로 대조하는 것이었다. 오픈 시점의 영수증 번호가 1번이고 마
감 시점의 영수증 번호가 204번이면 하루 동안 204개 팀의 고객
이 매장을 다녀갔다는 의미다. 여기에 이 매장의 객단가로 예상되
는 금액을 곱하면 예상 매출액을 알 수 있다. 이 방법을 평일에 2
회 이상, 토요일과 일요일에 1회씩 실행해 해당 매장의 매출 볼륨
이 어느 정도 수준인지 파악했다.

다른 방법으로는 매장 앞에 하루 종일 서서 실제로 몇 명의 사

람이 이용하는지 확인하는 것이 있다. 지금 생각하면 무식한(?) 방법이지만 정교한 상권분석을 위해 어쩔 수 없는 부분이었다. 그런데 지금은 이런 방법으로 조사하지 않아도 '오픈업'을 통해 여러 개별 매장의 매출액을 추정치로 알 수 있다. '오픈업'을 제대로 활용할 수만 있다면 상권분석의 신세계가 열릴 것이다.

그런데 10년 이상 상권분석만 해온 사람으로서 '오픈업'을 이용하는 사람들을 보면 안타까운 측면이 있다. 상가 투자자들은 이 데이터의 가치를 잘 이해하지 못하고, 예비 창업자들은 '이 매장의 매출이 높다=이 인근은 좋은 입지다'라고 지나치게 일반화하는 경우가 많다. 개별 매장의 매출액을 보는 것이 좋은 인사이트가 될 수 있으나 이것에만 의존해 상권분석을 하는 것은 '오픈업'을 20%밖에 활용하지 못하는 것이다.

2. 개별 매장의 시간대별 & 요일별 결제 비중
'오픈업'에서 제공하는 월 매출액보다 귀한 데이터는 시간대별과 요일별 결제 비중이다. 이는 상권분석 시 '오픈업'에서 반드시 활용해야 하는 데이터다. 매출액에는 오차가 있을 수 있으나 시간대별, 요일별 결제 비중에는 큰 오차가 없다. 즉, 이 두 데이터만 봐도 매장별 매출이 높게 나오는 시간이 언제인지 알 수 있어 사람들의 소비 패턴을 정교하게 확인할 수 있다.

서울 지하철 강남역 상권을 예시로 시간대별 결제 비중 확인이 왜 중요한지 보여주겠다. [그림 1-17]의 강남역 상권을 비슷한 크기의 A와 B 영역으로 나누고 '오픈업'에서 제공하는 시간대별 결제 비중과 요일별 결제 비중 데이터를 살펴보자.

두드러지는 차이점이 보이지 않는가? 바로 저녁 시간대 결제 비중이 다르다는 점이다. A 영역은 저녁 시간대 결제 비중이 낮고 B 영역은 점심과 저녁 시간대 모두 활성화되는 특징이 있다. 만약 우동 전문점을 창업한다고 가정하면 어느 곳을 선택하는 것이 좋

그림 1-17   강남역 상권의 시간대별과 요일별 결제 비중 차이

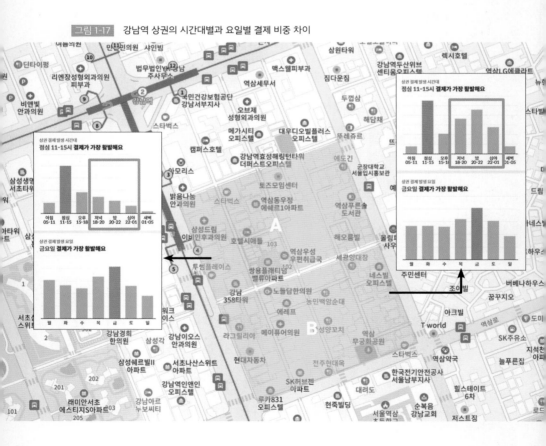

을까? A와 B 영역 모두 선택 가능하지만 우동 전문점의 매출 피크 타임은 점심 시간대이므로 저녁 시간대 결제 비중이 높은 B 영역보다 점심 시간대 절대 볼륨이 높은 A 영역에서 상가를 찾는 것이 더 효율적이다.

반면에 직장인들의 퇴근 이후에 매출이 나오는 삼겹살 가게를 창업한다고 가정해보자. A와 B 영역 중 어디를 선택할 것인가? 우동 전문점과 반대로 저녁 시간대 매출 비중이 높은 B 영역이 더 좋은 선택이 될 수 있다.

결국 상권을 선택할 때는 매장의 매출 특성과 상권의 시간대별 매출 패턴을 고려하는 것이 핵심이다. 같은 유동인구를 가진 상권이라도 어떤 시간대에 소비가 집중되는지에 따라 최적 업종이 달라진다. 매출 피크 타임과 상권의 특성을 정밀하게 분석하면 단순히 '유동인구가 많다'는 이유만으로 비효율적인 입지를 선택하는 실수를 줄일 수 있다. 업종에 따라 최적의 상권이 다르다는 점을 기억하고 '어떤 시간대에 강한 상권인가?'에 대해 분석하는 습관을 가지길 바란다.

'오픈업'을 이용한 상권분석에서 중요한 것은 결국 숫자 해석 능력이다. 단순한 데이터 나열이 아니라 이 숫자가 본인 업종과 맞는지를 읽어내는 것이야말로 성공적인 입지 선정의 열쇠다.

3. 지정 영역의 매출액 데이터

'오픈업'으로 개별 매장의 월 매출액을 확인할 수 있다는 사실은 대부분 사람은 알고 있을 것이다. 그런데 의외로 '오픈업'에서 지정 영역의 매출액을 확인할 수 있다는 사실을 아는 사람은 적다.

[그림 1-18]에서 보듯이 영역을 지정해 해당 영역의 월 매출액, 시간대별 결제 비중, 소비 연령대 등의 데이터 확인이 가능하다. 개별 매장의 매출액에는 오차가 있을 수 있어 그것만 확인하면 엉뚱한 분석을 하게 될 수 있다. 그래서 특정 지역의 매출 볼륨 전체를 비교하는 작업이 필요하다. 분석하고자 하는 영역을 지정해서 데이터를 볼 수 있고 이를 통해 다른 상권과의 비교가 가능하다.

그림 1-18   '오픈업'의 영역 지정 예시

특정 지역의 추정 매출액 데이터를 어떻게 활용할 수 있는지 [그림 1-19]의 서울 지하철 강남역 상권 예시를 통해 알려주겠다.

A와 B 영역의 크기 차이는 있으나 매출 볼륨은 B가 A의 2배 수준임을 '오픈업'을 통해 확인할 수 있다. 실제 상가 권리금도 A 영역보다 B 영역이 더 높게 형성돼 있다. 또한 같은 시간대에 현장 임장을 가봐도 더 많은 유동인구를 볼 수 있는 곳은 A가 아니라 B 영역이다.

그림 1-19 강남역 상권의 매출액 차이

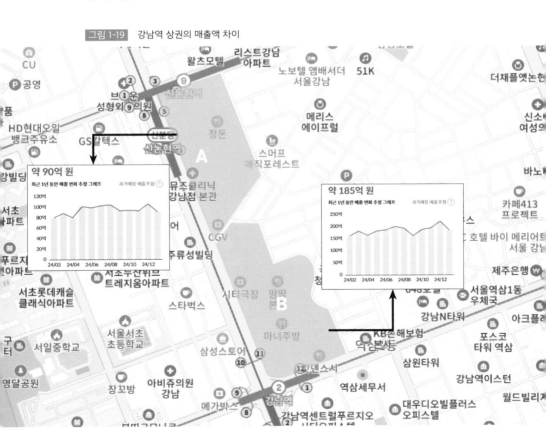

중요한 것은 현장 임장을 가지 않아도 데이터를 통해 이런 예측이 가능하다는 사실이다. '오픈업'에서는 이런 방식으로 상권에 대한 매출 정보 취합을 할 수 있기 때문에 예비 창업자와 상가 투자자가 반드시 활용해야 하는 사이트다.

4. 연령대별 결제 비중

연령대별 결제 비중을 확인하는 것도 상권분석에 도움이 되는 인사이트다. 보통 상권을 구분하는 기준은 주거, 오피스, 유흥, 쇼핑 등 특징별로 나누는 것이 일반적이다. 그런데 사실 상권은 소

그림 1-20 노원로데오 상권의 연령대별 결제 비중 차이

비 연령대를 비롯해 남성 소비가 많은지, 여성 소비가 많은지의 기준으로도 구분이 가능하다.

[그림 1-20]의 A와 B 영역은 모두 서울 노원구 노원로데오 상권이라 불리는 곳이지만 소비 연령대와 성별로 상권을 구분할 수 있다. '오픈업' 데이터를 보면 노원로데오 상권의 서쪽 편(A 영역)은 20대 소비 비중이 높고, 동쪽 편(B 영역)은 30~50대 소비 비중이 높게 나온다. 고객 연령대에 따른 성향이 다르다면 이곳에 위치해야 하는 콘텐츠의 성격도 달려져야 하지 않을까? 이런 이유로 상권의 소비 연령대와 성별을 직관적으로 확인할 수 있는 '오픈업' 데이터는 활용도가 높다.

다른 예시를 하나 더 살펴보자. [그림 1-21]은 서울 지하철 수유역 상권으로, 노원로데오 상권과 비슷한 특징을 찾아낼 수 있다. 수유역 상권도 강북구청을 기준으로 동쪽 편(A 영역)과 서쪽 편(B 영역) 특징이 완전히 다르다. A 영역은 2030 소비 비중이 높고 B 영역은 50대 이상 남성 소비 비중이 높다. 1,900원짜리 저가 맥주를 판매하는 매장을 창업한다면 가격 민감도가 높은 A 영역에서 해야 할 것이고, 잘나가는 프랜차이즈 브랜드 매장을 창업한다고 해도 2030 수요가 높은 A 영역에서 하는 것이 좋은 선택이다. 그리고 B 영역에서 창업한다면 50대 이상의 연령대가 좋아할 만한 콘셉트가 필요하다.

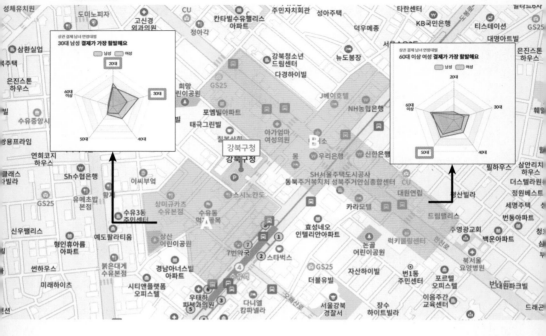

그림 1-21 수유역 상권의 연령대별 결제 비중 차이

엑스레이맵 | 활용도 ★★★★

배후세대 파악에 최적화된 도구

'엑스레이맵(www.biz-gis.com/XRayMap/)'은 주거 배후세대
와 직장인구 규모를 파악하는 데 용이한 사이트다. 인터페이스가
흑백이라 처음 사용하는 사람은 불편하다고 느낄 수 있으나 배후세
대 규모를 파악하는 데 이만한 도구는 없으니 반드시 활용하길 추
천한다.

월 5만 원 수준의 요금을 지불해야 하는 '마이프차'와 달리 '엑스레이맵'은 무료 사용자라도 배후세대를 확인하는 데 큰 무리가 없다. 아울러 '엑스레이맵'의 가장 큰 장점은 알아보고 싶은 영역을 자유롭게 지정할 수 있어 자세한 배후세대 정보 확인이 가능하다는 점이다. '소상공인365'에서도 영역을 지정해 배후세대 규모를 확인할 수 있으나 속도가 느리다는 단점이 있다. 하지만 '엑스레이맵'은 클릭하고 1초 정도면 정보 확인이 가능할 정도로 빠르다.

'엑스레이맵'을 실행하고 '다각형' 기능을 이용해 영역을 지정하면 [그림 1-22] 같은 해당 지역의 '요약정보' 확인이 가능하다. 여러 정보가 나타나지만 이 중 내가 활용하는 것은 '총 거주규모'와 '직장인구' 2가지다. 이를 통해 현장 임장을 가기 전 배후세대 규

그림 1-22   '엑스레이맵'의 영역 지정과 요약정보 예시

그림 1-23 '엑스레이맵' 정보를 바탕으로 정리한 자료 예시

모를 파악할 수 있다. [그림 1-23]은 내가 이 2가지 정보를 활용해 주거 배후세대 규모를 지도 위에 정리한 자료다.

현장 임장을 자주 나가도 이렇게 배후세대 규모를 정리하기는 쉽지 않다. 하지만 '엑스레이맵'을 이용하면 배후세대 규모를 수치적으로 확인할 수 있어 상권분석 시 객관적인 판단을 하는 데 도움이 된다.

간혹 내 수강생들로부터 받는 질문이 하나 있다. '엑스레이맵'에서 제공하는 '일평균 유동인구' 정보도 중요할 텐데, 왜 활용하지 않냐는 것이다. 유동인구는 해당 건물 앞으로 얼마나 많은 사람이 다니는지에 대한 데이터다. 즉, 앞서 소개한 방식처럼 영역을 지정하면 이것은 의미 없는 덩어리 데이터가 돼버린다.

유동인구 데이터가 의미를 지니려면 골목 자체를 지정할 수 있어야 한다. 하지만 [그림 1-24]의 왼쪽 지도에서 보듯이 실제 필요

그림 1-24 유동인구 데이터가 의미 없는 이유

한 정보는 해당 골목의 유동인구 데이터지만 '엑스레이맵'은 오른
쪽 지도처럼 지정한 영역의 유동인구 데이터만 제공한다. 즉, 빅데
이터 상권분석은 '선'이 아닌 '면' 영역의 정보를 제공한다는 한계
가 있다. 따라서 여기서 알려주는 유동인구 데이터는 우리가 진짜
찾고자 하는 정보와는 거리가 멀다.

호갱노노 | 활용도 ★★★★

주거상권의 1입지를 5초 만에 찾는 방법

'호갱노노(hogangnono.com)'는 주거용 부동산에 관한
정보를 얻기 편리한 사이트로, 특히 학원가 범위와 학원 수 등의
데이터를 제공하는 것이 장점이다.

'호갱노노'를 통해 서울의 대치 학원가, 목동 학원가, 중계 학원

그림 1-25   '호갱노노'의 학원가 데이터 예시

가와 경기 평촌 학원가에 얼마나 많은 학원이 있는지 알면 놀랄 것이다. '호갱노노'에서 [그림 1-25]처럼 간단히 '학원가' 메뉴만 클릭하면 해당 지역의 학원가 범위와 수를 시각적으로 확인할 수 있다.

주거용 부동산에서 학군은 하나의 가치 평가 요소이므로 학원가 위치가 부동산 가격에 영향을 준다. 그러면 상가 측면에서 주변에 학원가가 있다는 것은 어떤 의미일까? 학원이 많다는 것은 10대 고객이 많은 상권이라고 생각하기 쉬운데, 실제 학원가상권의 연령대별 결제 비중을 보면 40대 남성과 여성 소비가 높다.

학원가가 있다! = 10대 학생이 많다!

= 학군을 중요하게 생각하는 소비력 있는 4050이 인근에 거주한다!

⇒ 양질의 주거상권

학원 밀집도가 높다는 것은 그 상권이 주거상권의 1입지라는 신호다. 그래서 '호갱노노'를 통해 학원 밀집 지역을 한 번에 파악할 수 있다면 이 지역을 기준으로 소비력 있는 주거상권이 어디인지 예측이 가능하다.

학원가가 활성화된 곳은 주거상권 생활동선의 중심이 된다!

나는 '공차'에서 점포 개발 업무를 담당할 때 '호갱노노'의 학원가 데이터를 가지고 상권분석을 빠르게 진행했다. 특히 '공차'는 10대들의 선호도가 큰 브랜드로, 10대 소비 비중이 높은 곳이 높은 매출이 나올 수 있다는 판단 때문이었다. 그러다 서울과 경기의 주요 학원가를 임장 다니며 알게 된 사실이 있었다. 학원이 많은 곳은 단순히 10대만 많은 것이 아니라 40~50대 아버지와 어머니의 소비 역시 높게 나타난다는 점이었다. [그림 1-26]은 '오픈업' 데이터로, 이 데이터를 봐도 학원가 주변 상권에서는 4050 남성과 여성의 결제 비중이 높다는 사실을 알 수 있다.

이후로 나는 활성화된 주거상권의 중심지를 파악할 때는 '호갱노노'에서 제공하는 학원가 데이터를 적극 활용하고 있다.

학원가상권 ≠ 10대 소비가 많은 곳

학원가상권 = 10대 + 40~50대 소비가 많은 곳

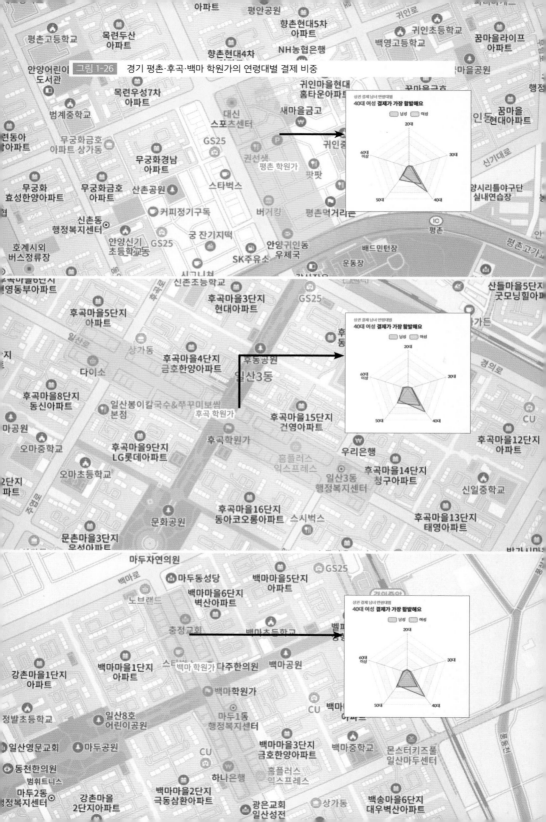

그림 1-26 경기 평촌·후곡·백마 학원가의 연령대별 결제 비중

√ 이 기능은 절대 사용하지 마세요

'호갱노노'에는 상권 밀집도를 볼 수 있는 '상권' 메뉴가 있다. 나는 이 기능을 사용하지 않길 추천한다. 이유는 전혀 의미가 없는 숫자 나열에 불과하기 때문이다.

'호갱노노'의 상권 데이터는 55m 단위로 상가를 묶어 시각적으로 표현한다고 한다. 그런데 문제는 상가 수가 많다고 무조건 좋은 상권은 아니라는 점이다. 또한 비교 평가를 하기 위해서는 비교 대상의 면적이 유사한 크기로 구분돼야 하는데, '호갱노노'에서 제공하는 상권 영역의 크기가 제각각이라 인근 상권과 비교하기에는 부적절하다.

[그림 1-27]은 시각적인 자료로서 보고서에 넣으면 그럴싸해 보일 수 있다. 하지만 '돈이 되는 인사이트'와는 거리가 멀기에 이 책을 읽은 독자들은 이 기능을 활용하지 않았으면 한다.

그림 1-27 '호갱노노'의 상권 데이터 예시

나이스비즈맵 | 활용도 ★★★

현장에 가지 않고 유동인구를 파악하는 방법

'나이스비즈맵(m.nicebizmap.co.kr)'에는 상권 '상세보고서'를 작성하는 기능이 있으나 1회 약 5만 원을 지불해야 하는 유료 서비스다. 이 외에 무료 기능만 잘 이용해도 여러 가지 상권분석 인사이트를 얻을 수 있는데, 바로 유동인구 데이터다. 유동인구 데이터를 제공하는 빅데이터 사이트는 많다. 하지만 이것을 가장 현실적으로 활용 가능한 곳은 '나이스비즈맵'이다.

유동인구 데이터를 확인하는 방법은 간단하다. [그림 1-28]의 '나이스비즈맵' 화면 좌측 메뉴에서 '유동인구'를 클릭하면 끝이다. '일평균 유동인구'를 시각적인 표현으로 확인 가능하며 1등급부터 5등급까지 유동인구 차이도 볼 수 있다. 5등급에서 1등급으

그림 1-28   '나이스비즈맵'의 유동인구 정보 예시

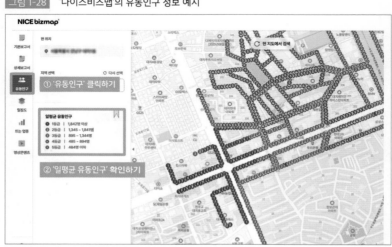

로 올라갈수록 '유동인구가 많다'는 의미인데, 여기서 주의할 점은 지역이 어디인지에 따라 '일평균 유동인구' 숫자가 바뀐다는 것이다. 그래서 여러 상권의 유동인구를 비교 평가할 때는 '나이스비즈맵'에 나오는 등급뿐 아니라 등급별 유동인구 숫자도 반드시 확인해야 한다.

나는 이 유동인구 데이터를 현장 임장을 가기 전 해당 상권의 분위기 파악을 하고자 할 때 활용한다. 어느 골목의 유동인구가 많고 어디가 유동인구가 감소하는 분기점인지 파악하기 유용하다. 주요 상권은 주로 1, 2등급으로, '나이스비즈맵' 지도에 표시되는 동선에서 만들어지기 때문에 발품을 나가기 전 상권의 분위기 임장을 할 때 활용하길 추천한다. 이것만 잘 활용해도 임장 전에 어떤 영역을 살펴봐야 할지 사전 확인이 쉬워진다.

그렇다면 '나이스비즈맵'의 유동인구 데이터는 얼마나 정확할까? 온라인 데이터와 현장 데이터를 비교해봤을 때 100% 일치한다고는 볼 수 없다. 하지만 현장에 가보지 않아도 한 번의 클릭만으로 상권 분위기를 파악할 수 있다는 점에서 충분히 유용하다고 말하고 싶다.

상권분석은 손품과 발품의 조합이다. 빅데이터 상권분석만으로 완벽한 답을 찾는다는 것은 무리다. 하지만 손품을 통해 얻은 데이터에서 돈이 되는 인사이트를 찾아낼 수 있다. 또한 실제 데이터와 차이가 있더라도 발품을 통해 현장 검증을 할 것이기 때문에 빅데이터 상권분석은 이제 선택이 아닌 필수다.

빅데이터 상권분석의 핵심은 정보를 해석하는 통찰력이다

지금까지 내가 실제로 활용하는 빅데이터 상권분석 사이트 4곳을 소개했다. 결국 빅데이터 상권분석에서 가장 중요한 것은 바로 '해석'이다. 인구 통계학적 데이터나 신용카드 사용액으로 누구나 쉽게 상권분석을 할 수 있다고 하지만 실제로 수익으로 이어지는 인사이트를 얻기는 어렵다. 만약 신용카드 사용액만으로 상권분석이 가능하다면 우리나라에서 상권분석을 가장 잘하는 곳은 신용카드사가 아닐까?

결국 중요한 것은 데이터를 돈이 되는 정보로 해석하는 통찰력이다. 빅데이터는 하나의 정보다. 이 정보를 인사이트로 바꾸는

빅데이터 상권분석의 핵심

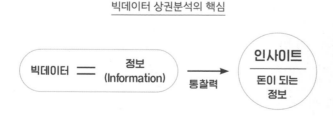

통찰력이 없다면 빅데이터 상권분석은 유의미한 결정을 내리는데 도움이 되지 않는다.

앞서 소개한 사이트들을 단순히 알아두는 것에 그치지 말고 직접 활용해보길 바란다. 요리 레시피를 알고 있다고 해서 20년 경력의 호텔 주방장처럼 요리할 수 없듯이 같은 데이터도 활용 방법을 반복적으로 훈련해야 한다.

다양한 분석 도구와 프로그램이 앞으로도 많이 나오겠지만 결국 손품만으로는 상권분석 고민이 해결되지 않음을 꼭 기억했으면 한다. 상권분석은 손품과 발품이 함께 이뤄져야 한다. 손품을 통해 상권과 입지에 대한 가설을 세우고, 발품을 통해 그 가설을 검증하는 것이 상권분석의 본질이자 전체 프로세스다.

둘 다 중요하다. 손품은 가설, 발품은 검증이다. 우리는 책상에 앉아서도 상권 정보를 확인할 수 있는 시대에 살고 있다. 빅데이터 상권분석 도구를 활용해 사전에 정보를 정리하고, 그것을 토대로 가설을 세우고, 이 가설이 맞는지를 실제 현장에서 발품으로 검증하는 것이 상권분석의 A부터 Z다.

모든 상권분석 과정에는 이 가설과 검증의 시간이 필요하다. 손품만으로 모든 의사 결정을 할 수 없다. 손품으로 확인한 내용을 반드시 현장에서 검증해야 한다. 그리고 손품 없이 현장만 돌아다니면 상권의 전체적인 흐름을 파악하지 못한다. 가령 다음 그래프같이 요일별 상권 변화를 알고 싶다면 손품으로 단 5분 만에 파악이 가능하다.

'오픈업'의 시간대별과 요일별 결제 비중 예시

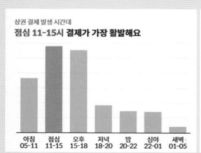

그런데 이것을 현장에서 발품으로 확인하려면 최소 1주일 이상이 걸린다. 또한 손품 없이 현장 발품에만 의존하면 눈에 보이는 유동인구, 건물 상태, 인근 브랜드, 임차 조건, 매매가 등을 기준으로 의사 결정을 하게 된다. 이는 초보 창업자가 감으로 하는 전형적인 상권분석 '테크 트리'다. 눈에 보이는 것에 현혹돼 본질적인 부분을 놓치는 것이다.

이 책을 읽는 독자라면 '스타벅스가 옆에 있으니 좋은 상가겠구나', '월 매출 1억 원 이상 나오는 고깃집이 있으니 인근에 들어가면 안정적으로 운영할 수 있겠다'라는 생각은 버리길 바란다. 상권분석 시 손품과 발품이 왜 필요한지 정확히 이해하고 감에 의존하지 않아야 한다.

04 반경 1km에 몇 세대가 있어야 좋은 상권일까?

배후세대가 많으면 좋은 상권이라는 건 알겠는데, 대체 얼마나 많아야 할까? 이 질문에 대한 가장 적절한 답은 수치적으로 정의를 내리는 건 불가능하다는 것이다. 상권의 범위는 물리적인 거리를 기준으로 나눠지지 않기 때문이다. 2가지 측면을 생각해야 한다.

────── 인구 수가 아니라 생활동선이 중요하다

'배후세대 수가 얼마나 돼야 좋은 상권이라고 할 수 있을까?' 이런 궁금증을 한 번쯤은 가져봤을 것이다. 상권분석을 할 때는 단순히 반경의 인구만으로는 실제 상권에 영향을 미치는 유효 배후세대를 정확히 파악할 수 없다. 중요한 건 그 사람들의 생활동선과 소비 패턴이다. 반경 내에 많은 사람이 살고 있어도 그들이 실제로는 해당 상권을 이용하지 않을 수 있다.

[그림 1-29] C 영역의 경우 인근에 대단지 아파트가 있어 소비력 있는 주거상권이라고 생각할 수 있다. 하지만 생활동선을 고려하면 이야기가 달라진다. A 영역은 서울 지하철 2호선과 수인분당

그림 1-29   선릉역 인근 상권의 배후세대와 생활동선

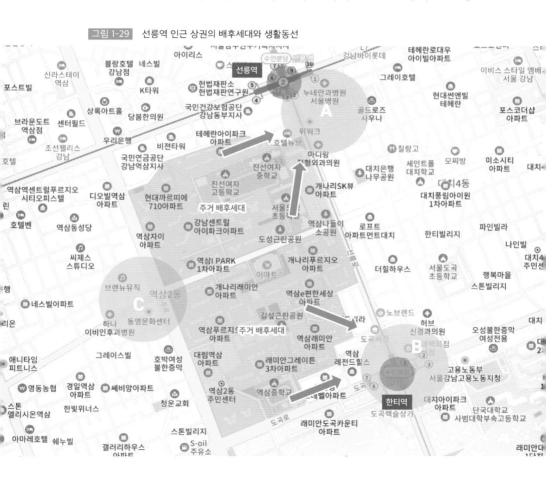

선이 만나는 더블 역세권(선릉역)이자 학원가, 오피스 밀집 지역, 야간 먹자골목이 있고 B 영역에는 지하철 한티역과 학원가, '롯데백화점' 강남점이 있다. 따라서 아파트 거주민의 주요 생활동선은 C 영역이 아니라 A와 B 영역으로 움직이게 된다.

[그림 1-30]의 서울 성동구 '엔터식스' 한양대점은 2014년 문을 연 복합 쇼핑몰로, 초기에는 안정적인 운영이 되는가 싶었지만 결국 사람들에게 외면받는 공간이 됐다. '엔터식스' 왕십리역점만큼

그림 1-30   왕십리역과 한양대역 인근의 생활동선

외부 유입이 이뤄지지 않은 것이 가장 큰 문제였지만 기본적으로 가까운 거리에 있는 한양대학교 학생들이 한양대점을 잘 이용하지 않았다. 먹자골목과 대중교통, 쇼핑몰 모두 A 영역에 위치해 있어 굳이 B 영역으로 갈 이유가 없었던 것이다. 외부 배후세대도 쇼핑몰을 이용한다면 지하철 2, 5호선, 경의중앙선, 수인분당선으로 접근할 수 있는 A 영역으로 가지, 대중교통 접근성이 좋지 않고 콘텐츠 밀집도도 낮은 B 영역으로 갈 이유가 없었다.

간혹 코로나19로 인해 '엔터식스' 한양대점 운영이 어려워졌다고 말하는 사람이 있다. 하지만 이 공간이 활성화되지 못한 본질은 사람들의 생활동선을 고려하지 않은 잘못된 위치 선정 때문이다. 앞으로 '엔터식스' 한양대점은 오피스 공간으로 변화가 이뤄진다고 한다.

잘못된 상권분석의 대표적인 예가 반경 배후세대 규모를 기준으로 상권을 단순 판단하는 것이다. 실제 상가를 이용할 수 있는 유효 배후세대 규모를 가늠하기 위해서는 배후세대와 생활동선 2가지 관점이 모두 필요하다.

서울 양천구 목동아파트 상권 예시를 통해 반경 기준 상권분석과 유효 배후세대 기준 상권분석의 차이점을 살펴보자. A 상가와 B 상가의 반경 400m 영역은 [그림 1-31]과 같다. 지금까지 이 책의 내용을 잘 따라온 독자라면 이런 방법으로 두 상권을 비교 평가하는 것은 무의미함을 알아챘을 것이다. 반경을 기준으로 상권

그림 1-31　목동아파트 상권 A와 B 상가의 반경 400m

범위를 판단하면 생활동선에 대한 파악이 전혀 반영되지 않는다.

반경을 기준으로 배후세대를 보면 A 상가는 아파트와 다세대 주택 거주민 대상 영업이 가능하다고 판단할 수 있다. 그리고 A와 B 상가의 실제 배후세대 규모도 큰 차이가 나지 않는다. 실제로는 어떨까? 현장 임장을 나가보면 A 상가보다 B 상가의 콘텐츠 밀집도와 매출 볼륨이 압도적으로 높다. 이유는 반경 배후세대 규모는 유사하지만 생활동선 연결성이 A 상가와 B 상가가 크게 다르기 때문이다.

[그림 1-32]의 B 영역에는 목동 학원가가 위치해 학원만 해도

그림 1-32 목동아파트 상권의 배후세대와 생활동선

140여 곳이 밀집돼 있다. 또한 F&B 콘텐츠 밀집도도 A 영역과 비교할 수 없을 정도로 높다. 그렇다면 1번과 2번 영역의 아파트 거주민은 A 영역도 이용하겠지만 큰 생활동선의 방향은 B 영역으로 움직이게 된다. 주거 배후세대의 방문 목적이 될 수 있는 콘텐츠인 학원, 식당, 카페, 병의원, 은행이 몰려 있기 때문이다. 사람들의 생활동선은 결국 상권에 어떤 시설물이 있는지에 따라 달라진다.

이제 반경 기준 상권분석과 생활동선을 고려한 상권분석의 차이점을 이해할 수 있겠는가? [그림 1-31]과 [그림 1-32] 두 그림의 차이를 꼭 기억하길 바란다.

삼성전자 상권의 중심	고덕국제신도시의 중심	쾌속 교통의 중심	미래 비전의 중심
수원사업장 2.4배 크기로 3만 명이 근무할 삼성전자 평택캠퍼스 1km 거리에 위치!	5만 8,000세대로 계획된 고덕국제신도시 비즈니스 콤플렉스 위치! 평택시청 이전 예정지 인접!	수서역까지 20분대에 도착하는 SRT 평택지제역과 1호선 서정리역 인접!	8만 5,000명 종사자의 평택미군기지 이전 서해안 시대 전진기지인 평택항 개발 예정!

자신이 전문가라고 말하는 사람도 상권분석 시 사람들의 생활 동선을 고려하지 않고 배후세대 기준으로만 판단하는 실수를 범하곤 한다. 그런데 꼭 반경을 기준으로 상권분석을 해야 하는 분야가 있다. 어디일까? 바로 상가 분양 광고다. 그래야 해당 상권을 긍정적으로 보이게끔 포장이 가능하기 때문이다.

위 자료는 실제 상가 분양 광고들 중 일부다. 지역 개발 호재는 사실이다. 그런데 과연 이 개발 호재가 상가에 영향을 줄 수 있을까? 상권에 도움이 되는 것은 맞으나 더 중요한 건 인근에 얼마나 많은 배후세대가 이 상가를 이용할 수 있는가다.

배후세대는 주거 배후세대만 있는 것이 아니다

배후세대는 주거 배후세대만 있는 것이 아니다. 오피

스 배후세대와 외부 배후세대도 있다. 그래서 실제 상권분석을 할 때는 주거 배후세대 규모와 더불어 해당 지역의 방문 목적이 될 수 있는 주요 시설물로는 무엇이 있는지까지 복합적으로 봐야 한다. 특별한 주요 시설물이 없는 주거상권이라면 배후세대 규모가 상권분석의 가장 중요한 기준이 될 수 있으나 주거, 오피스, 역세권, 먹자골목 등 다양한 요소가 복합적으로 구성된 상권에서는 배후세대가 가지는 의미가 작아진다.

인천 지하철 부평역과 동암역 상권을 살펴보자. [그림 1-33]은 두 역에서 반경 1km의 '엑스레이맵' 정보다. 두 상권의 배후세대 규모를 보면 부평역은 약 3만 7,000세대고 동암역은 약 3만 6,000 세대로, 데이터적으로는 두 상권의 차이가 크지 않다. 하지만 이

그림 1-33   '엑스레이맵'의 부평역과 동암역 배후세대 정보

는 직장인구와 외부 배후세대, 주요 시설물을 고려하지 않고 단지 거주민 기준으로 상권을 분석할 때 생기는 오류다.

주요 시설물을 기준으로 살펴보면 동암역은 다세대주택과 아파트 밀집 지역을 제외하고는 특별한 시설물이 없다. 반면에 부평역은 부평역 민자 역사에 있는 '롯데마트' 부평역점과 '롯데시네마' 부평역사, 그리고 20대가 주로 소비하는 야간 먹자골목, 과거보다는 조용한 거리로 변했으나 의류와 뷰티 브랜드가 밀집했던 문화의거리가 있다. 부평역 상권은 인천에서도 손꼽히는 A급 상권이다.

이렇게 상권적 차이가 큰 부평역과 동암역 상권을 단순히 배후세대를 기준으로 보면 어떤 일이 벌어질까? 2024년 지하철역 일평균 승하차 인원만 찾아봐도 부평역은 7만 명, 동암역은 3만 명 수준이지만 반경 배후세대만을 기준으로 비교하면 두 상권은 유사하다는 이상한 결론이 나오게 된다.

몇 세대 이상이면 소비상권이 형성될 수 있을까?

소비상권이란 무엇일까? 식사를 하고, 커피를 마시고, 자녀를 학원에 보내고, 미용실에서 머리를 자르고, 인근 마트에서 장을 보는 등 한 상권 내에서 일상 소비를 할 수 있는 상권을 말한다. 일반적으로 하나의 소비상권이 만들어지는 배후세대 규모는 5,000세대가 기준이다.

[그림 1-34]의 서울 지하철 금천구청역 상권을 살펴보자. 인근 배후세대 규모는 약 5,000세대고 금천구청과 금천경찰서, 그리고 대중교통(지하철)이 있다. 이곳은 금천롯데캐슬골드파크 아파트에 단지 내 상가가 잘 구성돼 있고 더불어 이곳 5,000세대와 인근 주요 시설물(구청, 경찰서, 대중교통)이 잘 갖춰져 하나의 소비상권이 형성된 곳이다. 이런 상태에서 유입 가능한 배후세대 규모가 늘어

그림 1-34　금천구청역 상권의 배후세대와 생활동선

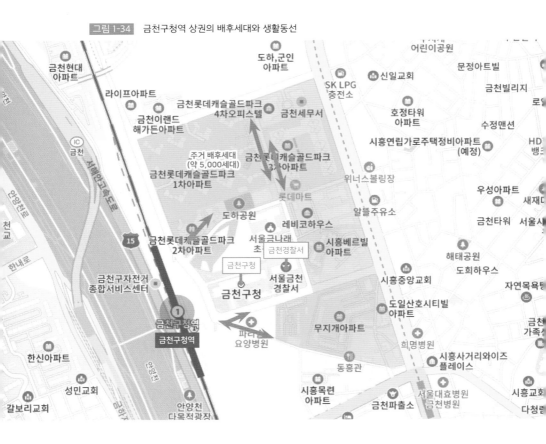

8,000세대, 1만 세대로 확장되는 상권이 있다면 현재의 금천구청
역 상권보다 더 소비력이 좋은 상권이라고 판단할 수 있다.

추가로 [그림 1-35]의 경기 화성시 동탄역 서쪽 상권(동탄여울공원
방향) 예시도 살펴보자. 이곳 상권은 동탄여울공원을 기준으로 남
과 북으로 나눌 수 있다. 도보로 이동하기에는 하나로 연결되기
어려워 서로 다른 상권으로 구분한다. 동탄역반도유보라 아파트
가 위치한 북쪽 상권의 배후세대 수는 2024년 기준 약 4,200세대

그림 1-35   동탄역 상권과 배후세대

고 동탄역파라곤 아파트가 위치한 남쪽 상권의 배후세대 수는 약 3,100세대다. 각각 하나의 소비상권이 형성될 수 있는 5,000세대 규모에 미치지 못한다.

5,000세대 이상 ⇒ 하나의 소비상권이 만들어질 수 있다!

실제 해당 지역은 지금도 여전히 공실이 남아 있고 운영되는 매장들 중 높은 매출이 나오는 곳도 적다. 이유는 상권 내 충분한 배후세대가 아직 갖춰지지 않았기 때문이다. 앞으로 경부고속도로 주변으로 업무 시설이 들어와 추후 오피스 배후세대가 유입되더라도 생활동선 관점에서 그 오피스 배후세대는 경부고속도로 건너편의 동탄역 상권을 이용할 확률이 높다.

- 700세대 이상 : 편의점, 무인 매장(카페, 코인 세탁소, 아이스크림 전문점 등)
- 3,000세대 이상 : 베이커리와 기업형 슈퍼마켓(홈플러스 익스프레스, GS 더프레쉬 등) 등의 생활 밀착형 업종
- 5,000세대 이상 : 일상식 위주의 식당, 카페
- 8,000세대 이상 : 외식 중심 매장(고깃집, 횟집, 족발 가게 등)
- 1만 세대 이상 : 주점(코로나19 이후 야간 소비력 저하와 경쟁강도 증가로 더 많은 배후세대 필요)

편의점(GS25, CU, 세븐일레븐, 이마트24) : 유효 상권 내 700세대 이상의 배후세대 필요

과거에는 500세대의 유효 배후세대가 있으면 편의점 개점이 가능했다. 하지만 최저 시급 인상이 매년 누적되면서 수익성이 크게 감소해 편의점 신규 개점 후 지속적인 운영이 되기 위해서는 700세대 수준의 배후세대가 있어야 한다고 본다. 만약 검토 중인 상권의 배후세대 규모가 이보다 적다면 부족한 주거 배후세대를 대신할 유동인구, 직장인구, 주요 시설물이 필요하다.

베이커리(파리바게뜨, 뚜레쥬르) : 3,000세대를 기준으로 출점 가능 여부 판단

베이커리는 생활 밀착형 업종이라 일반인들이 생각하는 것보다 배후세대 규모가 작아도 운영이 가능하다. 이런 이유로 인해 다른 F&B 브랜드라면 1개에서 많으면 2개 매장이 운영될 수 있는 상권 범위 내에서 5개 이상의 매장이 운영되는 경우도 볼 수 있다. 예를 들어 '파리바게뜨'의 경우 서울 지하철 이수역과 남성역 서쪽 편에서 4개의 매장이 운영 중이다. 만약 다른 F&B 브랜드였다면 1~2개 매장만 운영했을 것이다. '파리바게뜨'나 '뚜레쥬르'의

유효 배후세대가 3,000세대 수준이면 보통 5,000만 원 정도의 월 매출액이 발생한다.

이수역과 남성역 인근 '파리바게뜨'와 월 매출액

배후세대가 부족해 소비력이 낮다고 판단한 상권도 업종이 달라지면 좋은
상권이 될 수 있다. 편의점, 슈퍼마켓, 무인 매장 등은 2,000세대 이하의 배
후세대만 가지고 있어도 안정적으로 운영될 수 있다.

'CU장안동국점'과 유효 배후세대

서울 동대문구 'CU장안동국점'의 경우 약 800세대의 유효 배후세대를 갖
고 있지만 현재 일평균 매출액은 200만 원 이상 발생하고 있다.

'워시테리아' 등촌점과 생활동선

서울 강서구 '워시테리아' 등촌점의 경우 주거 배후세대의 생활동선에서
50m 이상 벗어난 곳에 위치해 있지만 무인 세탁소라면 안정적인 운영이 가
능하다.

'데이롱카페' 신정점과 유효 배후세대

서울 양천구 '데이롱카페' 신정점 같은 무인 카페는 '메가커피'나 '컴포즈커피'가 들어가지 않을, 주거상권 기준 3,000세대 미만의 규모가 작은 상권에서 오히려 안정적인 매출 발생이 가능하다. 무인 카페는 저가 커피 프랜차이즈 브랜드 매장이 인근에 생기는 순간 상품 경쟁력에 밀려 큰 폭의 매출 하락을 맞이할 가능성이 높다. 그래서 무인 카페는 일반적으로 좋지 않다고 평가되는 틈새 상권이 더 좋은 선택이 될 수 있다. '메가커피'나 '컴포즈커피'에는 안 좋은 상권이 무인 카페에는 좋은 상권일 수 있다. 반대로 편의점이나 베이커리가 운영되기에는 배후세대가 충분한 상권이지만 F&B 기준으로는 적합하지 않을 수 있다.

세대수나 유동인구가 적은 상권은 보통 임차료가 상대적으로 저렴하다. 따라서 배후세대가 적다는 이유만으로 상권을 포기하기보다 업종 특성, 경쟁 상황, 임차 조건, 마케팅 가능성 등을 꼼꼼히 분석하고 '생활 밀착형'으로 고객에게 접근할 수 있는 전략을 세우는 것이 중요하다.

업종에 따라 필요한 배후세대 규모가 달라진다. 90쪽에서 정리한 업종별 필요 배후세대의 기준을 반드시 기억하길 바란다.

05 상권 내 1입지를 찾는 핵심 노하우

사람들의 소비가 집중되는 상권 내 1입지는 주요 시설물과 배후세대의 교차점에 만들어진다. 1입지를 찾기 위해서는 먼저 해당 지역에 어떤 주요 시설물이 있는지 확인해야 한다. 그리고 배후세대는 주거 배후세대, 오피스 배후세대, 외부 배후세대 3가지 종류로 구분해 살펴봐야 한다.

주요 시설물과 배후세대의 교차점이 상권 내 1입지가 된다!

상권 내 주요 시설물이란?

상권 내 1입지를 찾는 핵심인 주요 시설물이란 무엇

주요 시설물과 배후세대

주요 시설물		배후세대
• 지하철 • 중앙 버스 정류장 • 백화점 • 대형 마트(이마트, 롯데마트 등) • 로데오거리(먹자골목) • 영화관, 공연장 • 대형 병원(300병상 이상) • 대학교 • 관공서(구청, 시청, 세무서, 경찰서 등) • 전통시장		• 주거 배후세대 • 오피스 배후세대 • 외부 배후세대

일까? 주요 시설물은 사람들의 방문 목적이 될 수 있는 장소로서 대중교통이나 백화점, 영화관, 대형 마트, 먹자골목, 구청, 시청 등이 해당된다. [그림 1-36]은 서울 지하철 역삼역과 선릉역 상권의 주요 시설물들이다.

상권분석 시 해당 지역의 주요 시설물이 될 수 있는 곳을 찾으면 상권의 중심이 어디일지 판단하기 쉬워진다. 위에 정리한 주요 시설물들이 왜 사람들의 방문 목적이 되는 곳인지 살펴보자.

1. 지하철, 중앙 버스 정류장

다른 지역으로 이동하고자 할 때 이용할 수 있는 대중교통은 지하철과 버스가 대표적이다. 따라서 배후세대의 생활동선과 가장 밀접한 연관이 있는 주요 시설물이다. 이때 중요한 것은 일반 버

그림 1-36 역삼역과 선릉역 상권의 주요 시설물

스 정류장은 주요 시설물로 보지 않는다는 것이다. 중앙 버스 정
류장이 아닌 곳은 일평균 승하차 인원 규모가 크지 않아 유의미한
분석이 불가능하다. 또한 지하철의 경우 손쉽게 일평균 승하차 인
원 확인이 가능하다. 나는 주로 '나무위키'에서 지하철역 승하차
인원 데이터를 확인한다(143쪽 참고).

2. 백화점, 대형 마트(이마트, 롯데마트 등)

백화점은 소비력 있는 주거 배후세대와 외부 배후세대가 이용하는 시설물이고, 대형 마트는 인근 주거 배후세대의 생활동선이 모여드는 시설물이다.

3. 로데오거리(먹자골목)

주요 시설물로서 로데오거리는 가령 서울의 방이동 먹자골목이나 강남역 먹자골목처럼 규모가 있는 골목을 말한다. 또한 서울의 용리단길이나 힙지로같이 지방 사람들도 찾아오는 핫플레이스, 그리고 인근 주거 배후세대가 점심과 저녁에 소비할 수 있는 먹자골목도 하나의 주요 시설물로 봐야 한다. 즉, '내가 여기에 거주/근무한다면 점심/저녁 식사를 어디서 할까?'라는 질문의 답을 찾기 위한 곳이다.

4. 영화관, 공연장

넷플릭스나 디즈니플러스 같은 스트리밍 서비스가 유행하면서 사람들의 멀티플렉스 영화관 이용 빈도가 줄어든 것은 사실이다. 하지만 여전히 방문 목적으로서 외부 배후세대를 끌어오는 역할을 하는 시설물이 영화관이다. 2015년 이후 새로 생긴 멀티플렉스 영화관은 멀리서 찾아가는 곳이 아니라 '우리 동네 영화관' 개념으로, 주거지 가까운 곳에서 운영되는 곳이 늘어났다. 그리고 코로나19 팬데믹 이후 공연장에 대한 수요가 점차 늘고 있어 연극, 뮤지컬, 음악회가 열리는 공연장도 주요 시설물로 다뤄야 한다.

5. 대형 병원(300병상 이상)

병원이라고 해서 무조건 주요 시설물이 되는 것은 아니다. 보통 300병상을 기준으로 주요 시설물이 될 수 있는 병원과 그렇지 않은 병원을 구분한다. 병원의 병상 수는 건강보험심사평가원 사이트(www.hira.or.kr)에서 확인할 수 있다. 전국 의료 기관 정보를 비롯해 각 병원의 병상 수를 알 수 있다.

6. 대학교

대학교 주변 상가의 주요 고객층인 학생들은 트렌드에 민감하고 소비력이 높아 상권 형성에 긍정적인 영향을 준다. 다만 주의할 점이 있다. 대학교의 재학생 수를 확인해야 한다. 상권 주변에 대학교가 있어도 재학생 수가 적으면 주요 시설물로서의 역할을 하지 못하는 경우가 많다. 예를 들어 서울 지하철 교대역 인근에 위치한 서울교육대학교는 2024년 기준 재학생 수가 1,400명 수준이다. 그렇다면 서울교육대학교는 교대역 상권에서 주요 시설물 역할을 할 수 있을까? 참고로 한국외국어대학교의 재학생 수는 2만 2,500명 수준이다.

7. 관공서(구청, 시청, 세무서, 경찰서 등)

관공서는 그곳에서 근무하는 공무원 수보다 민원 업무를 보기 위해 찾아오는 사람들의 규모가 중요하다. 그래서 민원인 비중이 적은 세무서와 경찰서는 주요 시설물은 맞으나 중요도는 다소 낮다. 구청과 시청의 경우 해당 관공서에서 근무하는 공무원 규모도 갖추고 있으면서 민원 업무를 보기 위해 찾는 인근 배후세대의 생활동선이 만들어지는 중요한 주요 시설물이다.

8. 전통시장

전통시장은 다세대주택이나 다가구주택 위주로 구성된 상권에서는 강력한 방문 목적이 될 수 있는 주요 시설물이다.

———— 상권 내 1입지를 찾는 방법

지금까지 주요 시설물의 종류에 관해 알아봤다. 그리고 이것을 실전에 활용하려면 반드시 실습을 해봐야 한다. 다음에 나오는 몇 가지 사례를 통해 상권 내 1입지를 판단하는 통찰력을 키워보겠다.

[그림 1-37]은 서울 동작구 신대방삼거리 상권으로, 전형적인 주거상권이다. 사람들의 방문 목적이 될 수 있는 주요 시설물로는 성

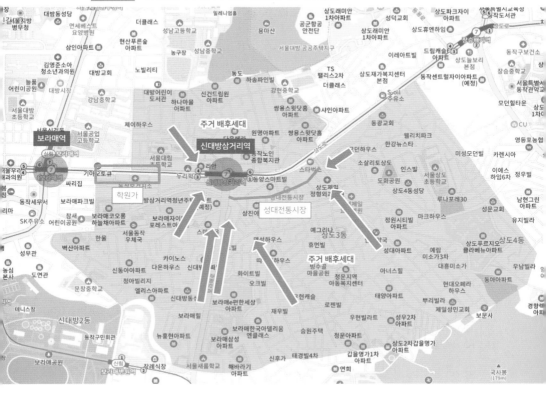

그림 1-37 신대방삼거리 상권의 주요 시설물과 배후세대 동선

대전통시장과 지하철 신대방삼거리역, 신대방삼거리역과 보라매역 대로변에 위치한 학원가를 꼽을 수 있다. 신대방삼거리역을 중심으로 주변에는 3만 명이 넘는 배후세대가 있으며 남쪽으로는 국사봉, 북쪽으로는 용마산이 가로막고 있는 지형을 가지고 있다. 따라서 주민들의 동선은 주요 시설물이 위치한 신대방삼거리역 대로변과 성대전통시장을 중심으로 모이게 되며 이곳에 상권 내 1입지가 형성된다.

그림 1-38 한국외대 상권의 주요 시설물과 배후세대 생활동선

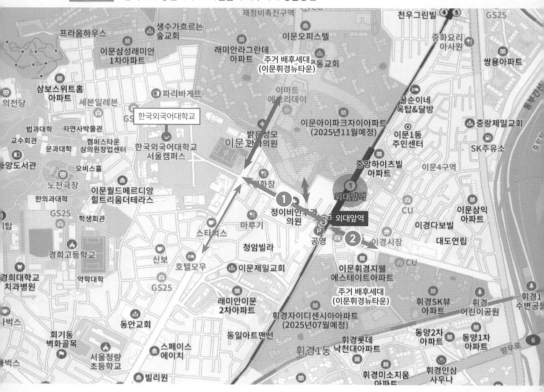

[그림 1-38]은 서울 동대문구 한국외대 상권으로, 주요 시설물은 대학교 캠퍼스와 지하철 외대앞역 2곳이다. 배후세대로는 이문휘경뉴타운을 중심으로 하는 대단지 아파트와 소규모 다세대주택이 주변에 있다. 한국외국어대학교 학생과 거주민은 1번과 2번 동선으로 대중교통을 이용한다. 하지만 지도만 봐도 쉽게 알수 있듯이 1번 동선에는 한국외국어대학교라는 주요 시설물이 위치해 있지만 2번 동선에는 주거 배후세대 외에 방문 목적이 될 수

있는 시설물이 없다. 이것만으로도 1번 동선이 상권 내 1입지가 된다는 것을 예측할 수 있다.

또한 1번과 2번 동선에서 각각 'GS25' 편의점이 운영 중인데, 둘 중 어디에 위치한 편의점 매출액이 높을까? 생활동선 연결성이 강한 1번 동선에 위치한 편의점이 2번 동선보다 거의 2배가량 높다. 상권 내 1입지에 위치한 매장과 주요 생활동선에서 벗어난 매장의 매출액 차이는 이렇게 클 수도 있다.

2025년에 이문휘경뉴타운 입주가 시작되면 아파트 단지에서 바로 지하철을 이용할 수 있는 생활동선(파란색 화살표)이 새롭게 생겨나고 A 동선도 지금보다 밀도가 더 높아질 것이다.

[그림 1-39]는 경기 시흥시 시흥은계 상권으로, 아파트 단지와 상업지역으로 구분되는 전형적인 신도시 상권의 모습이다. 이곳 상권에서 A 상가와 B 상가의 입지를 비교 평가해보자. 우선 생활동선을 살펴보면 A 상가는 생활동선 연결성이 있으나 B 상가는 생활동선에서 벗어난 곳이라고 판단할 수 있다. 바로 생활동선 연결성 때문이다.

또한 A 상가는 북쪽 아파트 단지와 남쪽 아파트 단지 거주민이 이용하는 상업지역 길목에 위치해 있어 접근성이 좋지만 B 상가는 어떤가. 왕복 3차선 도로로 인해 동선이 단절돼 아파트 거주민이 주로 다닐 수 있는 동선에서 벗어나 있다. 실제로 B 상가 인근은 공실률이 높으며 A 상가와 비교해볼 때 인근에 프랜차이즈 브

그림 1-39　시흥은계 상권의 배후세대와 생활동선

랜드 밀집도가 낮고 매출액도 A 상가 인근과 상권 중앙에 위치한

공영주차장 인근 상가 대비 낮게 나타난다.

06 진짜 경쟁자를 가려내는 기준 2가지

        배후세대가 많고 생활동선 연결성이 있으면 좋은 상권이라고 할 수 있을까? 꼭 그렇지만은 않다. 마지막으로 경쟁강도를 판단해야 한다. 상권분석에도 기준이 있다. 얼마나 많은 사람이 있는가에 대한 배후세대, 그들이 어느 동선으로 생활하고 소비하는지에 대한 생활동선, 마지막으로 상가의 수요와 공급 균형, 그리고 주변 매장 간의 경쟁강도가 있다.

  이때 상권분석에 대한 이해도가 부족한 사람은 동일 업종만 경쟁자로 보는 실수를 한다. 중식당의 경쟁자는 같은 메뉴를 판매하는 중식당이고 돼지갈비를 판매하는 가게의 경쟁자는 같은 메뉴를 판매하는 고깃집일까? 아니다. 다른 메뉴를 판매해도 경쟁자가 될 수 있다. 본인 매장의 숨은 경쟁자를 찾기 위해서는 2가지 요소를 더 살펴봐야 한다.

고객은 왜 당신 가게에 오는가?

매장에서 하루 중 가장 높은 매출이 나오는 시간대를 '피크 타임'이라고 한다. 즉, 가장 많은 사람이 매장을 방문하는 시간이다. 경쟁자의 기준을 정할 때는 아이템(메뉴)뿐 아니라 사람들의 주요 소비 시간도 고려해야 한다. 피크 타임에만 하루 매출의 60~70% 이상 발생하는 매장도 많다.

- 오피스상권에 있는 돈가스 가게와 순댓국 가게의 피크 타임 : 11시 30분~13시
- 1차로 갈 수 있는 삼겹살 가게, 족발 가게의 피크 타임 : 19~21시
- 2차로 갈 수 있는 호프집, 일본식 선술집의 피크 타임 : 20~22시

피크 타임을 바탕으로 보면 위 아이템들을 판매하는 매장의 경쟁자는 누가 될까? 오피스상권에 있는 순댓국 가게의 경우 11시 30분~13시가 피크 타임인 모든 가게가 되고, 호프집의 경우 20~22시가 피크 타임인 모든 가게가 경쟁자다.

이처럼 판매하는 아이템이 다르더라도 서로 경쟁자가 될 수 있다. 자영업 경험이 많은 사람도 경쟁강도를 잘못 해석하는 경우가 있다. 아이템 관점에서만 경쟁자를 생각하니 착각을 하는 것이다. 특히 경쟁자에 대한 잘못된 인식으로 엉뚱한 해석을 하는 초보 창업자가 많다.

주변에 횟집이 없으니 여기서 장사하면 매출이 잘 나오겠다.

이 상권에는 쌀국수 가게가 없으니, 한번 해볼까?

인근에 타코 파는 곳이 없어서 괜찮을 것 같은데?

상권분석을 제대로 하기 위해서는 표면적인 경쟁자가 아니라 잠재적인 경쟁자를 파악해야 한다. 소비 시간으로 경쟁자를 바라보면 보다 정교한 상권분석이 가능하다.

경쟁자의 두 번째 기준은 방문 목적이다

숨은 경쟁자를 찾으려면 고객의 방문 목적을 생각해야 한다. 즉, 본인 매장을 이용하는 고객이 어떤 목적을 가지고 찾아오는지 파악해야 한다. 고객의 방문 목적을 생각하면서 경쟁강도를 바라보면 지금까지 경쟁자라고 여기지 않았던 숨은 경쟁자가 보이고, 반대로 경쟁자라고 여겼지만 실제로는 경쟁자가 아닌 곳을 구분할 수 있다. 대표적인 고객 방문 목적을 정리하면 다음과 같다.

- 든든한 한끼 식사를 하러 가는 곳
- 부모님을 모시고 갈 수 있는 곳

- 친구와 술자리를 가지기 위해 가는 곳

- 연인이 데이트 장소로 가는 곳

- 늦은 시간까지 술 한 잔을 더 마시고 싶어 가는 곳

- 아이와 함께 갈 수 있는 곳

- 비즈니스 미팅을 위해 가는 곳

본인 매장과 동일한 방문 목적을 가지는 곳은 판매하는 아이템이 달라도 경쟁자가 될 수 있다. 예를 들어 코로나19 초기 거리두기 2.5단계가 시행되면서 프랜차이즈형 커피 전문점의 경우 영업시간에 관계없이 포장과 배달만 가능했던 시기가 있었다. 이때 외부에서 비즈니스 미팅을 자주 하는 직장인이나 카페에서 노트북을 이용하고자 하는 대학생은 어디로 갔을까? 정부 규제가 없었던, 커피를 마시며 대화를 할 수 있는 '맥도날드', '롯데리아', '버거킹' 같은 패스트푸드 전문점으로 이동했다. 또한 주차가 가능한 패스트푸드 매장은 오전부터 많은 사람의 방문이 이어져 주차 공간이 부족할 정도였다.

이 사례를 통해 얻을 수 있는 인사이트가 있다. 가령 '스타벅스'와 '맥도날드'는 아이템 관점에서 보면 경쟁자가 아니지만 공간을 이용한다는 방문 목적으로 보면 둘은 서로가 경쟁 대상이다.

상권분석이 뜬구름 잡는 이야기가 되지 않으려면 경쟁강도에 대한 생각을 확장해야 한다. '내 매장을 찾아오는 고객은 어떤

사람들이고 그들은 어떤 니즈가 있어 다른 매장을 가지 않고 굳이 내 매장을 찾아오는 걸까?' 같은 업종만이 경쟁자가 되는 것이 아니라 고객 방문 목적이 동일한 곳 또한 진정한 의미의 경쟁자가 된다는 것을 기억하길 바란다.

상권분석에서 중요한 것 중 하나가 바로 계절지수다. 계절지수를 모르면 좋은 입지와 그렇지 않은 입지를 정반대로 판단할 수 있다. 매장의 월평균 매출액이 1억 원이라고 할 때, 이는 매월 꾸준히 1억 원이 발생한다는 의미가 아니다. 계절 변화에 따라 매출액이 평균보다 높거나 낮은 시기가 있다는 의미다. 계절지수는 주로 상권과 아이템 특징에 따라 결정된다. 대학가상권은 여름방학(7~8월)과 겨울방학(1~2월) 매출액이 학기 중보다 낮다. 학기 중과 방학 기간의 매출액 차이가 크기 때문에 방학 기간에만 현장 조사를 해 '생각보다 좋지 않은 상권이네'라고 판단하거나, 학기 중에 학생들의 소비가 폭발하는 시기만 보고 상권을 분석하면 잘못된 선택을 하기 쉽다.

가령 빙수 전문점은 여름철에는 매출액이 급증하지만 겨울철에는 큰 폭으로 하락한다. 외부 테라스나 야외 영업이 중요한 업종은 겨울철에는 해당 공간을 제대로 활용할 수 없어 매출액이 감소한다. 테라스가 있는 카페나 야장을 하는 주점은 봄여름에는 매출액이 크게 상승하지만 보통 추석 연휴를 기점으로 야외 공간 활용도가 0이 된다.

테라스가 있는 카페(왼쪽)와 야장을 하는 주점(오른쪽)

성형외과의 경우 12~2월의 매출액 비중이 높은 곳이 많은데, 이는 겨울 시즌에 고객이 많다는 사실을 보여준다. 운동 시설도 연말연시와 다이어트에 대한 니즈가 상승하는 여름 전인 4~5월에 매출액이 상승하는 특징이 있다. 상권분석을 할 때는 현재 시점의 매출액뿐 아니라 매출액이 증가하고 감소하는 시기, 그리고 업종별 특징까지 별도로 고려해야 한다. 예상 매출액과 적정 권리금을 판단할 때도 계절지수를 고려해야만 상권을 과대 또는 과소 평가하지 않게 된다. 따라서 조사 시점의 계절지수를 비롯해 1년 동안을 기준으로 경쟁 매장의 매출액과 계절지수도 함께 살펴봐야 한다.

Chapter

모르면
손해 보는
상권분석 인사이트

: 잘못된 프레임 부수기

01 신축 아파트가 상권에 미치는 영향

새로운 아파트가 생긴다. → 배후세대가 많아진다. → 상
권이 좋아진다.

10명 중 9명은 이렇게 생각할 것이다. 그런데 이 생각은 반은 맞고 반은 틀렸다. 크게 2가지 이유 때문이다. 상권 주변에 신축 아파트가 들어온다면 첫째로 새로운 아파트가 생긴다는 사실보다 그 규모를 봐야 한다. 즉, 얼마나 많은 세대가 들어오는지가 중요하다. 예를 들어 1,000세대 미만의 배후세대 수 증가는 편의점이나 슈퍼마켓 같은 생활 밀착형 업종에는 영향을 줄 수 있지만 해당 지역 자체에 큰 변화를 줄 만한 규모는 아니다.

둘째는 단순히 배후세대가 많아져 상권이 좋아진다고 판단할 것이 아니라 실제 사람들의 생활동선이 중요하다. 상가의 위치는 신축 아파트 거주민의 생활동선과 연결성이 있어야 한다. 아무리 물리적인 거리가 가까워도 생활동선에서 벗어난 자리는 신축 아파트의 영향을 받을 수 없다.

생활동선이 매출을 좌우한다

[그림 2-1]의 서울 지하철 중화역 상권 인근에는 2025년 11월 입주 예정인 리버센SKVIEW롯데캐슬 아파트가 있

그림 2-1 중화역 상권의 생활동선

다. 신축 아파트가 생기는 것은 배후세대 수 증가를 의미하므로 상권을 평가하는 데 긍정적인 요인으로 작용한다. 실제 해당 지역 부동산 공인중개사는 신축 아파트 입주가 시작되면 상권에도 변화가 있을 거라고 말한다. 정말 그럴까? 이런 경우에는 상권에 큰 변화를 주기보다 일부 업종의 매출에만 영향을 줄 가능성이 높다.

중화역 상권은 낮 시간대에는 병의원과 카페 등이 밀집된 1번 라인에서 소비가 이뤄지고, 저녁 시간대에는 중랑역 방향으로 이어지는 중랑역로(2번 라인)를 중심으로 식당과 주점 운영이 이뤄진다. 그런데 이곳은 골목상권 규모가 크지 않아 신축 아파트 거주민의 생활동선은 중화역 1번과 4번 출구 방향으로 만들어질 것으로 예상된다. 이를 배후세대 관점에서 살펴보면, 늘어나는 배후세대 규모가 그리 크지 않으므로(1,055세대) 인근에서 운영 중인 병의원, 편의점, 식당 등의 생활 밀착형 업종에는 긍정적인 영향을 줄 수 있으나 해당 상권에는 큰 영향을 줄 수 없을 것이다. 정리하면 다음과 같다.

- 배후세대 측면 : 세대수 증가로 인한 긍정적 요소가 있으나 그 규모가 크지 않아 일부 업종에만 영향을 줄 것임
- 생활동선 측면 : 지하철역과 연결성이 있어 신축 아파트 거주민이 주로 통행하는 동선과 기존 상권 동선으로 소폭의 매출 상승 요인이 있음

[그림 2-2]는 서울 지하철 답십리역 상권이다. 이곳은 대로변(빨간색 라인)을 중심으로 오피스텔이 밀집돼 있으면서 주간상권이 활성화돼 있다. 1번 초록색 라인은 답십리동에서 답십리역으로 향하는 주요 동선이고 2번 초록색 라인은 5호선 답십리역과 2호선 용답역의 중간 지점으로, 용답동 배후세대의 주간상권이 형성된 곳이다. 즉, 빨간색과 초록색 라인이 답십리역 상권의 주요 소비

그림 2-2   답십리역 상권의 생활동선

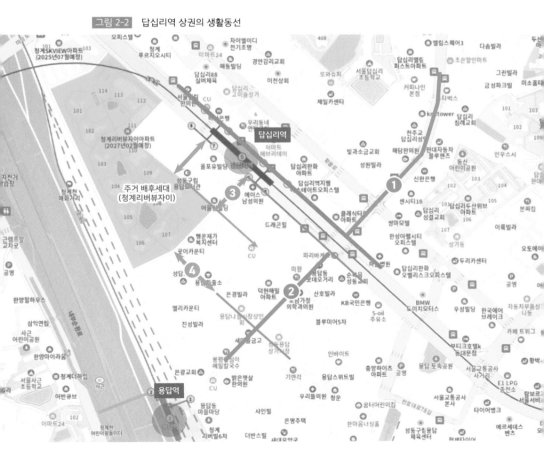

골목이다. 이곳에 2027년 청계리버뷰자이 아파트 약 1,700세대가 입주를 앞두고 있다. 이 신축 아파트가 준공되면 인근 상권에는 어떤 영향이 있을까?

신축 아파트가 준공되면 해당 단지의 배후세대는 지하철을 이용하려는 3번 동선과 시장을 이용하려는 4번 소비 동선으로 나눠질 것이다. 그런데 1,700세대는 새로운 상권이 형성되기에는 부족한 규모다. 결국 신축 아파트 거주민의 생활동선 내에 들어오는 매장들에는 고객 증가 효과가 있겠지만 답십리역 상권에 엄청난 변화가 일어날 수는 없을 것이다.

[그림 2-3]은 한국외국어대학교 학생과 인근 주거 배후세대를 대상으로 운영되는 서울 동대문구 한국외대 상권이다. 그런데 이 한국외대 상권에 앞으로 큰 변화가 예상된다. 2025년 7,000세대가 넘는 이문휘경뉴타운 입주가 예정돼 있기 때문이다. 7,000세대의 아파트가 생기면 단지 내 상가가 형성되겠지만, 중요한 건 이 배후세대의 생활동선이 기존의 주요 상권 방향으로 흐를 수밖에 없다는 사실이다.

한국외대 상권의 주요 상권은 빨간색 라인이 있는 곳이다. 이곳은 한국외국어대학교와 지하철 외대앞역의 중간 지점으로, 기존에는 한국외국어대학교 학생과 인근 주거 배후세대가 소비하는 상권이었다. 특히 대학가상권의 비중이 더 높았던 곳인데, 주변의 노후화된 주거지가 이문휘경뉴타운으로 변화하면 소비력 있는 배후세대로 바뀔 것이다. 또한 거주민의 생활동선이 외대앞역을 향해 형성될 것이므로 빨간색 라인 주변에 주는 영향이 클 것이다.

대학가상권은 학기 운영의 영향을 많이 받아 주말에는 사람이 적고 여름방학과 겨울방학에는 매출액이 떨어지는 경향이 있다. 그런데 이런 소비가 취약한 시기를 새롭게 입주하는 이문휘경뉴타운 배후세대가 채워줄 것으로 예상된다. 또한 이문휘경뉴타운과 가까운 지하철 신이문역이 있는데, 물리적인 거리가 가까워 거주민 이용이 늘어날 수는 있지만 신이문역 인근에는 콘텐츠가 밀

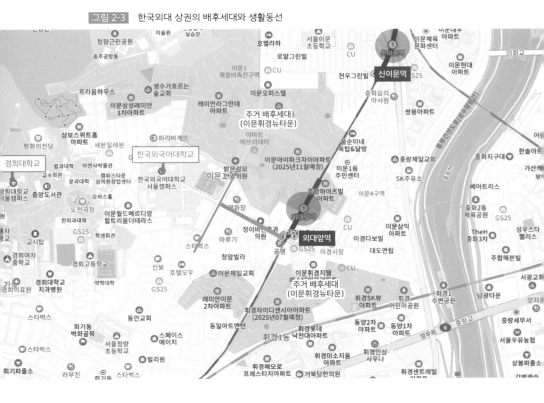

그림 2-3 한국외대 상권의 배후세대와 생활동선

집될 만한 상가가 부족하다. 아울러 이곳은 주거지로서 역할을 하는 지역이므로 이곳보다 외대앞역 상권에 더 큰 영향이 있을 것이다.

[그림 2-4]의 서울 강동구에 있는 올림픽파크포레온 아파트는 인근 상권에 어떤 영향을 줄까? 올림픽파크포레온 아파트는 1만 2,032세대의 국내 최대 규모 아파트 단지다. 절대적인 규모가 크기에 상권에 큰 영향을 줄 수밖에 없다. 2024년 말 입주가 시작된 후 거주민의 동선은 [그림 2-4]의 빨간색 화살표처럼 나타나고 있

그림 2-4 둔촌동역 상권의 배후세대와 생활동선

다. 지하철 둔촌동역과 둔촌오류역 방향으로 대중교통 이용을 위한 동선이 나눠지고, 주간과 야간의 소비 동선은 기존 상권이 형성돼 있는 둔촌동역 방향으로 연결됐다. 이곳의 기존 상권에는 둔촌역전통시장을 중심으로 주간상권(병의원, 미용실, 슈퍼마켓 등)과 야간 먹자골목이 잘 형성돼 있다.

올림픽파크포레온 아파트 단지 내 상가는 어떨까? 병의원, 미용실, 학원, 부동산 공인중개사 사무소 같은 공간 대비 수익성이 높은 업종은 단지 내 상가를 선호할 것이고, 일반적인 F&B 매장은 평당 최소 30만 원이 넘는 임차료를 내면서 20평 수준의 면적 확보가 쉽지 않으므로 둔촌역전통시장 인근 상가를 선호할 것이다. 실제 둔촌동역 인근에서 20평 이상의 상가를 찾는 예비 창업자 수요가 몰리고 있으며 상가 권리금은 10평당 5,000만 원 이상일 정도로 높게 형성돼 있는 상태다.

상권에 큰 영향을 줄 수 있는 신축 아파트 규모를 판단하는 기준은 3,000세대다. 참고로 '파리바게뜨'나 '뚜레쥬르' 같은 생활 밀착형 업종인 베이커리는 3,000세대의 주거 배후세대를 가지고 있으면 매장 하나를 개점할 수 있다. 즉, 베이커리 매장 하나가 충분히 운영될 수 있는 배후세대 수 증가가 있어야 작은 상권이 새롭게 만들어질 수 있다고 기준점을 잡으면 좋다.

3,000세대 이상의 배후세대 수 증가
⇒ 새로운 프랜차이즈 브랜드 입점이 가능하며 상권에 큰 변화가 예상된다!

3,000세대 미만의 배후세대 수 증가
⇒ 편의점, 슈퍼마켓 같은 생활 밀착형 업종에는 영향을 주지만 지역 상권에 큰 변화가 생기지는 않는다!

02 전통시장이 주거상권에 미치는 영향

　　전통시장 소상공인 보호를 위해 대형 마트는 월 2회 강제 휴업을 하고 있다. 하지만 실로 전통시장이 지역에 미치는 영향력은 생각 이상으로 강력하다. 공산품은 대형 마트의 경쟁력을 따라갈 수 없다. 하지만 채소, 과일, 정육, 생선 등 1차 식품의 가격 경쟁력과 가성비 있는 먹거리는 오히려 대형 마트가 전통시장을 이기기 쉽지 않다.

　　2022년 7월 출간한 《알면 보이고 보이면 돈이 되는 상권의 비밀》이라는 책에서 나는 상권에 마이너스 요인인 의외의 시설물 중 하나로 전통시장을 꼽았다. 그런데 구분해서 이야기할 부분이 있어 이 책에서 전체적으로 정리하고자 한다.

──────── 전통시장이 상가에 악영향을 주는 경우

전통시장이 입지적으로 마이너스 요인이 되는 케이스는 시장으로 인해 상가로 연결되는 생활동선이 끊겨버리는 경우다.

[그림 2-5]는 서울 양천구 목동깨비시장이다. 지하철 등촌역을 끼고 있는 곳으로, 주민들의 가장 활성화된 생활동선은 빨간색 화살표 라인이다. 그리고 그 사이 중간 지점에 목동깨비시장이 위치해 있다. 전통시장 자체로는 상권 내 주요 시설물이라고 할 수 있다. 가령 사람들은 다른 지역으로 이동하기 위해 대중교통을 이용하고 그쪽을 향해 생활동선이 만들어진다. 마찬가지로 사람들은 장을 보기 위해, 병원에 가기 위해, 간단히 식사를 하기 위해 전통시장을 방문하고 그쪽을 향해 생활동선이 형성된다. 즉, 전통시장은 인근 주민들에게 방문 목적이 될 수 있는 주요 시설물이다.

그런데 상권적으로 풀어보면 긍정적인 영향을 받는 곳은 시장의 통로 역할을 하는 곳이지, [그림 2-5]의 빨간색 점선 화살표처럼 중간에 동선이 끊기는 곳은 제외된다. 해당 골목들은 전통시장으로 인해 생활동선이 차단당하는 곳으로, 입지적으로 좋은 위치가 아니다. 실제로도 주요 동선과 비교해보면 사람들의 유입이 급격하게 떨어지는 특징을 확인할 수 있다.

나는 2023년 12월부터 '서울 상권 완전정복'이라는 라이브 세미나를 진행하면서 서울시 25개 구에 대한 요약 정리를 했다. 이

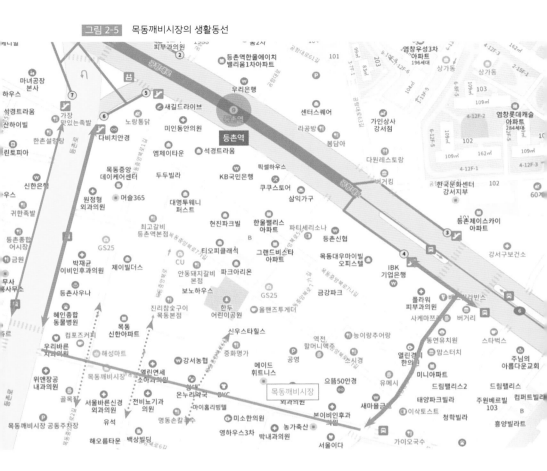

그림 2-5 목동깨비시장의 생활동선

세미나를 통해 과거에는 몰랐으나 새롭게 깨달은 전통시장의 숨은 가치가 있다. 바로 주거상권에 있는 전통시장은 인근 거주민의 방문 목적이 되는 주요 시설물로 봐야 한다는 것이다.

전통시장이 생활동선을 좌우한다

상대적으로 주요 시설물의 다양성이 적은 주거상권에서는 전통시장이 만드는 생활동선의 영향력은 실로 거대하다. 상권분석 시 해당 지역이 다세대주택이나 다가구주택 밀집 지역이라면 이곳의 전통시장이 어디에 있는지 찾는 것부터 시작해도 좋을 정도다. 몇 가지 사례를 살펴보면 전통시장이 인근 상권에 얼마나 큰 영향을 주는지 체감할 수 있다.

[그림 2-6]의 서울 지하철 사가정역 상권을 살펴보자. 먼저 주요

그림 2-6   사가정역 상권의 주요 시설물과 1입지

시설물을 확인하면 거주민의 생활동선이 어디로 만들어질지 쉽게 파악이 가능하다. 이곳은 전형적인 주거상권으로, 오피스 배후세대나 특별한 주요 시설물이 없다. 그래서 가장 중요한 주요 시설물은 지하철 사가정역과 면목시장, 사가정시장이다.

이처럼 주요 시설물이 사람들의 방문 목적이 되는 장소임을 이해하고 상권분석을 하려는 지역의 주요 시설물 위치만 잘 파악해도 배후세대의 생활동선 연결성이 좋은 1입지가 어디인지 판단하기 쉬워진다. 이곳의 1입지는 [그림 2-6]의 검은색 영역일 것으로 예상해볼 수 있다.

일반적으로 유동인구는 대로변을 중심을 집중되기 때문에 상업시설 역시 [그림 2-7]의 빨간색 라인의 도로를 기준으로 집중된다. 그런데 사가정역 상권은 이 도로 중심의 상권 형성이 미약하다. 왜 그럴까? 이유는 이면 골목에 면목시장이 있어 인근 주민들의 소비가 전통시장을 중심으로 발생하기 때문이다. 그래서 인근 주민들의 생활동선이 도로를 중심으로 만들어지지 않고 이면 골목에 위치한 면목시장을 중심으로 만들어져 있다.

사가정역 예시를 보더라도 주거상권에서만큼은 활성화된 전통시장이 지하철역과 비교될 수 있는 수준의 주요 시설물이 됨을 알 수 있다. 전통시장이 있는 곳으로 인근 주민들의 소비가 집중된다. 그래서 주간 시간대에 가장 많은 유동인구가 만들어지는 전통시장 입구 주변으로 병의원, 슈퍼마켓, 의류 판매점들이 몰리

그림 2-7 사가정역 상권의 생활동선

는 것이다.

[그림 2-8]의 예시는 서울 은평구다. 일반적으로 상권 내에 지하
철역이 있으면 역을 중심으로 상권이 집중되기 마련이다. 그런데
새절역 상권은 역 인근이 아니라 응암오거리를 중심으로 주간상
권과 야간상권이 형성돼 있다.

이 배경에는 불광천 동쪽으로 형성된 야간상권과 응암로를 기
준으로 북쪽으로는 신응암시장, 남쪽으로는 대림시장이 있다. 이
전통시장들로 인해 백련산 인근 아파트 약 7,800세대와 응암오거

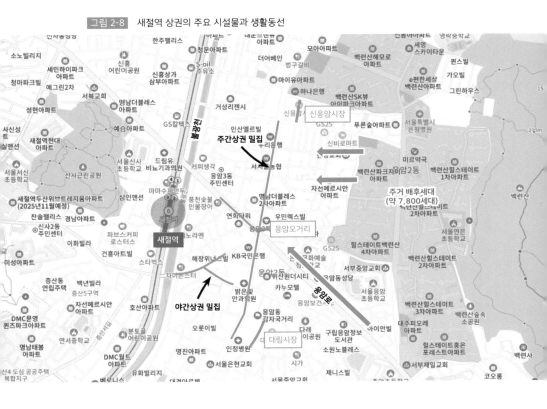

그림 2-8 새절역 상권의 주요 시설물과 생활동선

리 인근 주민들의 주간과 야간 소비상권은 빨간색 라인으로 만들어졌다. 이처럼 야간 먹자골목과 지하철역이 있어도 소비가 활성화된 전통시장의 존재감은 강력하다.

의외로 많은 사람이 전통시장을 영세한 상인들이 있는 곳, 미처 개발되지 못한 장소로 여긴다. 하지만 전통시장은 주거상권 내에서만큼은 그 어떤 주요 시설물보다 강력한 방문 목적이 될 수 있음을 명심하길 바란다.

[그림 2-9]의 서울 금천구 시흥사거리 상권은 아파트와 다세대

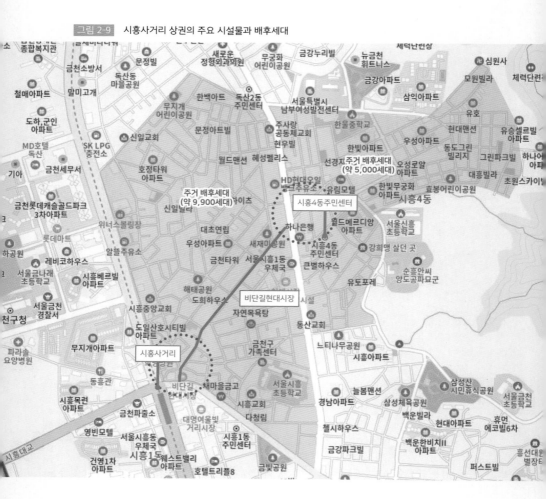

그림 2-9   시흥사거리 상권의 주요 시설물과 배후세대

주택, 다가구주택의 약 1만 5,000세대로 구성된 주거상권이다.
2026년 신안산선 개통이 계획대로 진행된다면 지하철 구로디지
털단지역과 여의도역으로의 접근성이 대폭 강화돼 시흥사거리 상
권의 중심지 역할을 할 것이다.

　시흥사거리 상권은 아직 대중교통이 연결되지 않은 상태지만

지하철 금천구청역과 비단길현대시장을 이용하려는 사람들로 활성화된 상권이다.

비단길현대시장에 진입할 수 있는 시흥사거리와 시흥4동주민센터 대로변은 인근 주민들의 생활동선이 집중되는 곳이다. 별다른 주요 시설물이 없는 주거상권, 그중에서도 다세대주택과 다가구주택 중심으로 이뤄진 지역에 대한 분석을 할 때는 인근에 전통시장이 있는지 확인하는 것이 좋다.

해당 지역에 전통시장이 있다면 시장 출입구를 중심으로 주민들의 소비상권이 만들어지는 것을 흔히 볼 수 있다. [그림 2-9]의 빨간색 점선으로 표시된 지역에 실제로 가보면 병의원, 베이커리, 저가 커피 전문점, 안경 가게, 통신사 대리점 등이 유독 밀집돼 있는 것을 볼 수 있다. 이는 전국 어떤 상권이든 공식처럼 적용이 가능하다.

다만 전통시장이 있다고 해서 무조건 배후세대의 생활동선이 만들어지는 것은 아니다. 시장이 사람들의 방문 목적이 될 정도로 활성화돼 있어야 주요 시설물로서의 역할을 한다. 모든 전통시장이 사람들의 방문 목적이 되는 주요 시설물은 아님을 주의하자.

병의원이 전통시장 주변에 집중되는 이유는 우연이 아니다. 사람들의 소비 특징과 접근성 등의 요소가 복합적으로 작용한 결과다. 이를 이해하는 것은 병의원 개원뿐 아니라 상권분석에도 중요한 인사이트가 될 수 있다.

병의원이 전통시장 인근에 집중된 이유는 크게 2가지다. 첫째, 전통시장은 지역 주민들이 자주 방문하는 주요 시설물로, 일반적으로 주간 시간대 유동인구가 많은 곳에 위치한다. 따라서 병의원은 사람들의 접근성을 높이기 위해 시장 근처에 자리 잡는 경향이 있다. 주거상권에서의 전통시장은 지하철역이나 버스 정류장만큼이나 상권의 핵심 축으로 기능할 수 있어 병의원 입지로도 매력적이다. 아울러 시장 방문객뿐 아니라 주변 거주자, 상인 등 다양한 잠재 고객들의 주요 생활동선이 병의원 인근에 형성된다.

둘째, 전통시장 특성상 인근에 40대 이상의 중장년이 많다는 점도 병의원의 입지 선정에 영향을 준다. 이들은 자녀를 두고 있으면서 의료 서비스 수요가 많은 나이이므로 운영자는 이 수요를 중요하게 여길 수밖에 없다.

본인이 잘 알고 있는 지역을 직접 살펴보길 바란다. 네이버 지도나 카카오맵에서 '병원'을 검색하면 밀집도를 쉽게 확인할 수 있다. 최근에는 병원도 점차 대형화되고 있어 전통시장 인근에서 층별 전용면적이 80평 이상 확보되는 경우 높은 확률로 메디컬 빌딩으로 형성될 수 있다.

03 지하철역이 생기면
상권이 무조건 좋아진다?

지하철역이 생기면 상권이 얼마나 좋아질까? 새로운 대중교통 수단이 생기면 사람들의 유입이 늘어나고 상권이 활성화될 것이라고 생각하기 쉽다. 하지만 지하철 노선 개통이 상권을 무조건 활성화시키는 것은 아니다. 지하철이 있다, 없다가 중요한 것이 아니라 얼마나 많은 주민이 신설 역사를 이용하는지 살펴봐야 한다.

일평균 승하차 인원이 많은 지하철역은 4가지 특징이 있다.

❶ 콘텐츠 밀집도가 높다!

❷ 도보로 접근 가능한 배후세대 규모가 크다!

❸ 연계 대중교통 인프라가 있다!

❹ 주요 도심(=일자리) 접근성이 좋다!

실제 사례를 통해 지하철역과 상권의 관계를 살펴보겠다.

지하철역이 생기지만 상권에 미치는 영향력이 적은 경우

1. GTX-A 동탄역

경기 화성시 동탄역에는 '롯데백화점' 동탄점이 생기면서 동탄역 상권을 찾는 사람들이 늘었다. 기존에는 해당 지역에서 백화점을 이용하려면 기흥 'AK플라자'나 수원역에 있는 '롯데백화점' 수

그림 2-10 GTX-A 남부 구간

원점과 'AK플라자' 수원까지 이동해야 했다. 그렇다면 이곳에 GTX-A 개통은 백화점처럼 동탄역 상권에 긍정적인 영향을 가져왔을까?

GTX-A 동탄역이 생기면 동탄역 상권에 많은 변화가 있을 거라고 예상하는 사람이 있었다. GTX는 경기와 서울의 접근성을 높이기 때문이다. 하지만 현재로서는 GTX-A 개통은 상권에 별다른 변

화를 가져오지 못하고 있다. 현재 개통된 구간은 '동탄역-구성역-성남역-수서역'으로, 아직 삼성역과 서울역을 이어주는 구간은 개통되지 않았기 때문이다.

현재 GTX-A 남부 구간은 동탄역에서 출발해 수서역까지만 연결돼 있어 동탄신도시 거주민의 이용률이 크지 않다. 참고로 2025년 GTX-A 동탄역의 일평균 승하차 인원은 3,700명 수준이다. 기존 SRT를 이용해도 수서역에 갈 수 있기 때문에 추후 최소 삼성역까지 GTX-A가 개통되지 않는다면 동탄신도시 거주민의 이용 빈도가 늘어나기는 어려울 것이다.

지하철 노선 개통이 무조건 좋은 것은 아니며 그 노선이 주요 도심지로 가는지 아닌지가 중요하다. 앞으로는 '지하철역=상권 호재'라고 단순 대입하지 않았으면 한다.

2. 신풍역 상권

서울 지하철 신풍역 상권은 신길뉴타운의 약 1만 4,000세대를 품고 있는 곳이다. 그런데 현장을 가보면 인근 아파트 배후세대는 많으나 상권은 생각보다 활성화돼 있지 않은 모습이다. 소비력 있는 아파트 단지와 역세권이 만났음에도 상권이 제대로 형성되지 못하고 있는 이유는 무엇일까?

신풍역 상권의 주거 배후세대는 [그림 2-11] 빨간색 화살표의 신길로 동선을 통해 신풍역을 이용한다. 그럼에도 불구하고 이곳

그림 2-11   신풍역 상권의 배후세대와 생활동선

에 상권이 제대로 형성되지 못한 주된 이유는 도로로 인한 사람들
의 동선 차단 때문이다.

신풍역 인근에 충분한 배후세대가 있음에도 [그림 2-12]처럼 신
길로, 신풍로, 대방천로 3개의 도로가 좁은 공간에서 교차돼 주민
들의 생활동선을 차단시키고 다양한 콘텐츠가 모이지 못하게 만
들었다. 2개의 교차로가 너무 가깝게 붙어 있어 신풍역의 일평균
승하차 인원이 2024년 기준 2만 1,000명 수준임에도 불구하고 주

그림 2-12 신풍역 상권의 교차로

민들의 생활동선이 제대로 형성되지 못하고 있는 상태다.

지하철역이 있으면 주변 사람들의 동선은 역으로 몰릴 수밖에 없다. 하지만 지형적인 요인이나 도로 상황 등을 이유로 상권이 크게 발달하지 못하는 경우도 있다.

새로운 대중교통으로 상권에 큰 변화가 생기는 경우

1. 위례신도시 트램

오랜 지연 끝에 2025년 개통을 목표로 서울과 경기의 위례신도시 트램 공사가 진행 중이다. 현재 위례신도시의 대중교통 환경은 불편한 상태다. 지하철 남위례역과 복정역을 이용하려면 남위례역을 도보로 접근할 수 있는 일부 아파트 단지를 제외하고는 버스

그림 2-13   위례신도시 트램 노선과 예상 동선

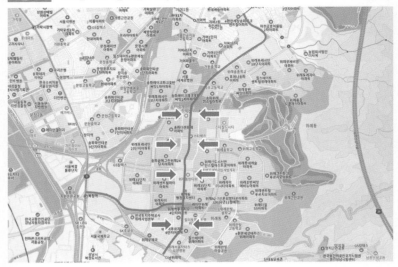

를 타고 환승을 해야 하기 때문이다. 그런데 여기에 트램이 생기면 상권에 어떤 변화를 가져올까? 트램 운행 간격은 복정역으로 향하는 본선은 5~10분, 남위례역으로 향하는 지선은 10~15분으로, 지하철과의 연계 교통이 불편했던 위례신도시 거주민 입장에서는 큰 변화일 것이다.

이곳에 트램이 개통되면 기존에는 서울로 이동하기 위해 지하철이나 버스를 이용하던 사람들이 [그림 2-13]처럼 중앙 광장 트램 라인으로 동선이 향하게 될 것이고 결국 트램이 정차하는 장소를 중심으로 소비가 이뤄질 것이다. 물론 여기에도 우려되는 점이 있다.

위례신도시 트램 공사 현장

트램 라인을 따라 생활동선이 형성된다!

vs

광장 느낌이 사라져 좌측과 우측 상권이 서로 단절된다!

현재는 [그림 2-14]에서 보듯이 위례신도시 트램 공간은 마치 공원처럼 개방감 있게 조성돼 있다. 그래서 기존에는 좌측과 우측 상가로의 이동이 편했고 가족 단위 방문객의 통행이 원활했다. 그런데 트램 라인으로 인해 좌측 상가 동선과 우측 상가 동선이 단절되는 상황이 생긴다면 상권에 오히려 부정적인 영향을 줄 수도 있다. 실제로 우리나라에서 트램이 운행되는 것을 본 적이 없기에 어떤 모습으로 완공될지 기대 반, 우려 반의 마음이다.

2. 다산신도시 별내선

경기 남양주시 다산신도시에 2024년 8월 지하철 8호선의 연장

그림 2-15   다산신도시 상권과 배후세대

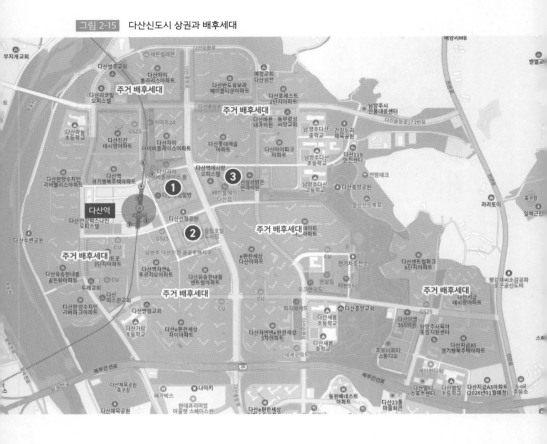

선인 별내선이 개통됐다. 덕분에 대중교통 불모지였던 다신신도
시 주민들의 서울 접근성이 좋아졌다. 이는 상업용 부동산에도 큰
호재라고 할 수 있다. 기존 다산신도시 상권의 단점은 배후세대는
많으나 주민들의 생활동선이 분산된다는 것이었다.

  다산신도시는 3만 세대 수준의 배후세대를 가진 곳으로, 주거
밀집도가 높은 편이다. 하지만 마땅한 대중교통 수단이 없어 상업
지역인 [그림 2-15]의 1, 2, 3번 지역까지 군이 찾아가지 않고 가

그림 2-16　다산신도시 상권의 생활동선

까운 상가 밀집 지역(파란색 영역)에서 소비를 하거나 아예 차량을 이용해 외부로 이동하는 소비 패턴을 보였다. 이런 이유로 공실 상가가 많았고 자영업자들도 운영에 어려움을 겪었던 상권이다.

　이곳에 다산역이 생기면서 변화가 찾아왔다. 생활동선의 집중도가 생겼기 때문이다. 경기 남양주(다산역)에서 서울 잠실(잠실역)까지 27분이면 도달할 수 있어 사람들이 지하철을 이용하는 비중이 높아졌다. 또한 경의중앙선 도농역 인근 아파트 배후세대도 다산역을 이용할 수 있게 됐다.

　주요 도심지로 이동할 수 있는 다산역은 결국 인근 주민들의 생활동선에 영향을 줄 수밖에 없다. 기존에는 버스를 타고 외부로 이동했다면, [그림 2-16]처럼 이제는 1번의 다산자이아이비플레이스 아파트 방향의 동서로 길게 이어지는 생활동선이 만들어졌으며 2번의 다산선형공원을 따라 이동해 다산역 1번 출구를 이용한다.

　물론 다산역 주변에 나대지로 남아 있는 상업 용지가 많다는 점은 상가가 추가로 공급될 수 있는 우려되는 부분이다. 개인적으로 다산역 개통을 계기로 다산신도시 상권에 활력이 돌았으면 한다.

'나무위키(namu.wiki)'를 활용하면 지하철역의 일평균 승하차 인원 변화를 쉽게 확인할 수 있다. 서울교통공사 사이트(www.seoulmetro.co.kr) 자료 실에서도 볼 수 있으나 '나무위키'에서처럼 한눈에 시각화해서 보기에는 불편함이 있다.

'나무위키'에서 지하철역의 일평균 승하차 인원을 확인하는 방법

상권분석 시 지하철역 승하차 인원은 왜 봐야 할까? 지하철역이 있는 지역은 승하차 인원 규모를 통해 기존 상권이 얼마나 활성화돼 있는지, 그리고 역

세권을 중심으로 상권이 만들어질지 아니면 배후세대와 가까운 곳에 상권이 만들어질지 예측이 가능하다. 예를 들어 서울 지하철 5호선 마곡역과 발산역의 일평균 승하차 인원을 통해 발산역의 상권 규모가 더 크다는 것을 유추할 수 있다.

마곡역과 발산역의 일평균 승하차 인원

연도	⑤	비고
2008년	987명	
2009년	1,021명	
2010년	965명	
2011년	998명	
2012년	1,216명	
2013년	1,886명	
2014년	3,889명	
2015년	5,670명	
2016년	7,346명	
2017년	11,402명	
2018년	14,050명	
2019년	12,769명	
2020년	12,827명	
2021년	15,999명	
2022년	18,220명	
2023년	20,769명	
2024년	22,298명	

연도	⑤	비고
	[2000년~2009년]	
2010년	21,119명	
2011년	21,761명	
2012년	22,103명	
2013년	21,753명	
2014년	21,889명	
2015년	22,331명	
2016년	24,112명	
2017년	28,303명	
2018년	33,984명	
2019년	37,742명	
2020년	30,455명	
2021년	32,436명	
2022년	36,901명	
2023년	41,346명	
2024년	43,692명	

또한 현재의 승하차 인원 비교도 좋지만 추가로 살펴볼 수 있는 인사이트는 코로나19 시기 기준 승하차 인원 감소율과 회복율이다. 2019년과 2021년 자료를 비교해보면 상권 변화를 파악하기 좋다.

가령 서울 지하철 4호선 명동역의 일평균 승하차 인원을 살펴보자. 명동역의 2021년 승하차 인원은 2019년에 비해 약 62% 감소했는데, 코로나19로 인해 깊은 상권 침체를 겪었음을 알 수 있다. 같은 시기의 서울 지하철 5호선 발산역의 경우 승하차 인원 감소 폭이 다른 지하철역에 비해 낮은 편이다. 이는 절대 배후세대 수가 증가한 영향일 것으로 예측해볼 수 있다. 서울 지하철 4호선 길음역이 있는 전형적인 주거상권도 승하차 인원 감소 폭이 낮은 편이다. 이를 통해 코로나19 시기 해당 상권의 외부 유입 배후세대 규모가 얼마나 큰지, 또 감소 폭이 적은 상권은 어떤 이슈가 있었는지 등의 인사이트를 얻을 수 있다.

명동역

연도	④	비고
[1994년~2009년]		
2010년	88,296명	
2011년	91,497명	
2012년	88,426명	
2013년	86,717명	
2014년	90,119명	
2015년	84,335명	
2016년	87,229명	
2017년	83,122명	
2018년	81,209명	
2019년	80,040명	
2020년	33,362명	
2021년	29,850명	
2022년	41,501명	
2023년	63,958명	
2024년	70,739명	

2019년 대비
62% 하락

발산역

연도	⑤	비고
[2000년~2009년]		
2010년	21,119명	
2011년	21,761명	
2012년	22,103명	
2013년	21,753명	
2014년	21,889명	
2015년	22,331명	
2016년	24,112명	
2017년	28,303명	
2018년	33,984명	
2019년	37,742명	
2020년	30,455명	
2021년	32,436명	
2022년	36,901명	
2023년	41,346명	
2024년	43,692명	

2019년 대비
20% 하락

길음역

연도	④	비고
[1994년~2009년]		
2010년	52,429명	
2011년	55,119명	
2012년	54,913명	
2013년	56,053명	
2014년	57,074명	
2015년	56,604명	
2016년	55,715명	
2017년	51,771명	
2018년	46,364명	
2019년	46,244명	
2020년	32,425명	
2021년	32,631명	
2022년	37,535명	
2023년	40,828명	
2024년	41,360명	

2019년 대비
29% 하락

04 대중교통이 발달하지 않은 지역의 상권분석 방법

　　　　　상권 내 1입지는 배후세대와 주요 시설물의 교차점
(지하철, 중앙 버스 정류장 같은 대중교통 수단이 가장 중요)에 만들어진다고 했
다. 그렇다면 대중교통이 발달하지 않은 지역의 배후세대 생활동
선 파악은 어떻게 할까? 대중교통 인프라가 없는 지역은 콘텐츠
밀집도와 차량 접근성을 기준으로 상권분석을 할 수 있다.

- ❶ 콘텐츠 밀집도 : 주간 시설물(병의원, 학원 등), 야간 시설물(주점 등)
- ❷ 차량 접근성 : 주차장, 넓은 도로의 진출입로

고객 동선보다 차량 접근성이 중요한 경우

경기 평택시 청북지구를 통해 대중교통이 발달하지 않은 지역의 상권분석 방법을 살펴보자. 청북지구는 평택시 북서부에 위치한 신도시 개발 지역이다. 8,000세대 수준의 주거 배후세대를 가지고 있는 곳으로, 독자적인 상권을 형성하고 있다는 특징이 있다.

8,000세대는 완벽한 소비상권이 만들어지기에 충분한 규모다. [그림 2-17]을 보면 상업지역이 배후세대 중심부에 위치하고 있어

그림 2-17 청북지구 상권의 배후세대와 생활동선

지도만 봐도 직관적으로 이곳이 사람들의 소비가 모이는 곳임을 알 수 있다.

청북지구의 상권분석을 해보면, 우선 편의점의 상권 범위는 도보로 접근 가능한 수준이다. 따라서 [그림 2-17] '세븐일레븐' 평택청북부영점의 상권 내 유효 배후세대 수는 약 1,500세대, '이마트24' 청북부영점의 상권 내 유효 배후세대 수는 약 1,350세대라고 할 수 있다. 편의점, 슈퍼마켓과 베이커리 같은 생활 밀착형 업종은 이렇게 도보로 접근 가능한 배후세대를 기준으로 상권이 형성된다.

그런데 모든 업종의 상권 범위가 인근 배후세대를 기준으로 형성되는 것은 아니다. '백소정' 평택청북점과 '빽다방 빵연구소' 평택청북점은 이보다 넓은 배후세대를 대상으로 영업하고 있다. [그림 2-17]에서 보듯이 8,000세대의 도보 동선에서 벗어나 있다면 매출이 낮게 나와야 하지만 실제 '백소정' 평택청북점의 일평균 매출액은 2,900~4,400만 원 수준이고 '빽다방 빵연구소' 평택청북점은 6,800~8,300만 원 수준으로 양호한 편이다(2025년 1월 '오픈업' 데이터 기준).

배후세대의 생활동선에서 벗어난 입지지만 안정적인 매출이 나오는 이유는 차량 접근성 때문이다. 청북지구는 대중교통이 발달하지 않아 편의점, 슈퍼마켓, 베이커리, 병의원 같은 생활 밀착형 업종들의 경우 도보로 이동 가능한 곳에서 소비돼야 한다. 하지만 식당이나 카페 같은 경우에는 얼마든지 차량으로 멀리 이동이 가능하다. 청북지구는 겉보기에는 8,000세대 규모의 항아리상권(156쪽 참고)처럼 보이지만 실제로는 차량을 이용해 외부로 이동하는 현상이 나타나는 곳이기에 주정차가 용이한 곳이라면 입지가 가진 단점을 극복할 수 있다.

사람들의 생활동선에서 벗어나 있더라도 주정차 공간이 충분해 차량 접근성이 좋다면 상권 내 1입지가 될 수 있다. 별다른 대중교통이 없는 지역은 이것을 비교 평가의 기준으로 봐야 한다. 그러니 배후세대로부터 거리가 멀어도 차량 방문이 편리하다면 좋은 상가가 될 수 있다.

────── **콘텐츠 밀집도로 핵심 상권을 찾는 경우**

인천 서구 청라신도시는 [그림 2-18]처럼 수변을 따라 상업지역(파란색 영역)이 밀집돼 있고, 남북으로 아파트 단지 중간중간에 상가주택 밀집 지역(빨간색 영역)이 형성돼 있다. 이곳에 지하철 7호선이 개통된다면 지하철역이 위치할 상업지역을 중심으로 사람들의 전체 생활동선이 만들어질 것이다. 하지만 아직은 대중교통 불모지로, 현장 임장을 오랜 시간 동안 하지 않으면 주민들의 생활동선을 파악하기 어렵다.

그림 2-18 청라신도시 상권과 배후세대

이런 경우에는 2가지 기준으로 상권분석을 하면 효과적이다. 첫 번째 기준은 콘텐츠 밀집도다. 콘텐츠 밀집도를 직관적으로 파악할 수 있는 것은 F&B 업종의 소상권(상권을 작게 나눈 영역, 228쪽 참고)별 매출액을 확인하는 것이다. 이곳 상업지역과 상가주택 밀집 지역 소상권의 음식업 월 매출액(단위 : 억 원)을 정리해보면 [그림 2-18]과 같다(2025년 1월 '오픈업' 데이터 기준). 실제 현장을 가보면 다른 소상권 대비 공실률이 낮고 프랜차이즈 브랜드 밀집도가 높게 나

타남을 확인할 수 있다.

콘텐츠 밀집도가 높다!

= 브랜드 매장/개인 매장 매출이 높다! = 생활동선 연결성이 강하다!

두 번째 기준은 차량 접근성이다. 대중교통이 발달하지 않은 지역은 사람들이 가까운 상권에서 소비하기보다 차량을 이용해 외부로 빠져나가는 경우가 많다. 그래서 좋은 입지가 되기 위해서는 차량을 이용한 접근이 편리해야 한다. [그림 2-18] 빨간색 영역의 상가주택 밀집 지역의 경우 공용 주차장이 크게 있는 것은 아니지만 골목골목에 주정차를 자유롭게 하는 특유의 분위기가 형성돼 있다. 그 덕분에 물리적인 거리가 먼 배후세대도 차량 접근이 용이하다. 만약 청라신도시에 창업을 희망하고 있다면 콘텐츠 밀집도가 높고 차량 접근성도 양호한 [그림 2-18]의 1, 2번 소상권 2곳 정도를 살펴보는 것도 좋은 방법이다.

─────── **11년 차 전문가도 틀린 상권분석의 함정**

2015~2019년 경기 시흥시 배곧신도시 상권의 인근 단지 입주가 점진적으로 진행됐다. 이곳은 상권 중심부에 '아브뉴

그림 2-19 배곧신도시 상권과 배후세대

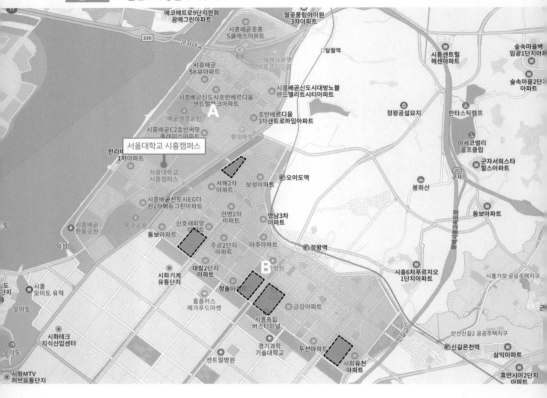

프랑센트럴'이 위치해 있고 인근에 상가 공급이 많아서 나는 이렇
게 상가 공급이 많은 상권은 활성화되기 어렵다고 판단했었다.

　[그림 2-19]를 보면, 나는 시흥시 정왕동(B 영역)에는 이미 옛 상
권(파란색 영역)이 위치해 있어 인근 주민들이 굳이 배곧동(A 영역)의
배곧신도시 상권을 이용할 이유가 없다고 생각했다. 또한 배곧동
은 남북으로 길게 벌어져 있어 상업지역으로서의 접근성이 좋지
않고, 서울대학교 시흥캠퍼스 부지로 인해 상업지역 남쪽은 공실

그림 2-20　배곧신도시 상권

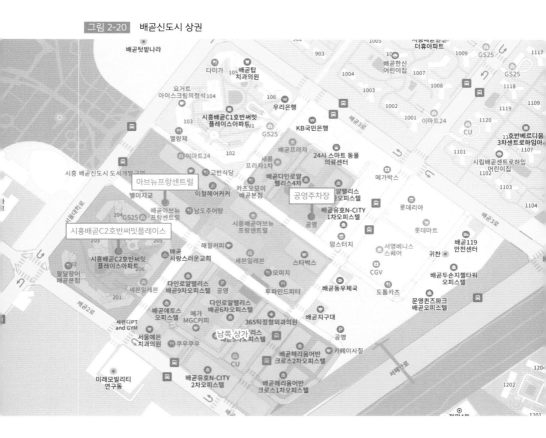

률이 높을 거라고 생각했다. 그런데 결과는 내 예상과 조금 달랐다. 생활동선 연결성이 좋은 라인을 중심으로 프랜차이즈 브랜드 매장이 하나둘 생기더니 높은 매출이 나오는 매장들이 점차 나타나기 시작했다.

먼저 배곧신도시 상권에 대한 나의 적중한 예측이다. [그림 2-20]의 서울대학교 시흥캠퍼스에 접해 있는 상업지역 남쪽 상권인 시흥배곧C2호반써밋플레이스 아파트 단지 내 상가는 인근 배

그림 2-21 배곧신도시 상권

후세대와 상업지역에서의 생활동선 연결성이 떨어져 공실률이 높았다. 그리고 나의 틀린 예측은 기존의 옛 상권이 잘 형성돼 있어 배곧신도시 상권 중심부의 '아브뉴프랑센트럴'과 공영주차장 인근 상가들은 공실률이 높을 것이라는 예측이었다.

그런데 실제로는 [그림 2-21]처럼 주거 배후세대와 접하고 있는 '메가박스' 시흥배곧점, 'CGV' 배곧 라인과 '아브뉴프랑센트럴'의 경우 주간(빨간색 라인)과 야간(파란색 영역) 모두 소비가 잘 이뤄졌다.

공실률이 높은 시흥배곧C2호반써밋플레이스 아파트 단지 내 상가와 '롯데마트' 시흥배곧점을 제외하고 상권을 크게 3곳으로 나눠 매출액을 비교해보면 돈 버는 상가와 망하는 상가의 차이를 확연히 구분할 수 있다. 1번 소상권의 월 매출액은 약 68억 원, 2번 소상권은 약 39억 원, 3번 소상권은 약 38억 원으로, 소비상권으로서 가장 활성화된 곳은 1번 소상권이었다(2025년 1월 '오픈업' 데이터 기준).

인근에 옛 상권이 있음에도 불구하고 1번 소상권을 중심으로 활성화될 수 있었던 이유는 콘텐츠 밀집도가 상권에 주는 영향력이 크기 때문이다. 특히 경기권과 지방에 있는 상권에서 5,000세대 이상 규모의 배후세대가 생기면 그곳을 중심으로 새로운 상업지역이 형성되는 경우가 많다. 이런 경우 기존에 소비가 집중되던 옛 상권 수요가 새로운 상권으로 일부 이동하는 현상이 나타난다. 프랜차이즈 브랜드 매장을 필두로 새로운 상권의 주요 동선을 중심으로 콘텐츠가 밀집되기 때문이다. 여기에 공영주차장이나 자체 주차장이 있어 차량 접근성까지 좋다면 유효 상권의 범위는 더 확장될 수 있다.

상권분석의 절대 기준은 배후세대, 생활동선, 경쟁강도 3가지다. 그런데 대중교통이 발달하지 않은 지역의 경우 이 3가지 기준으로만 상권분석을 실행하기에는 어려움이 있다. 이번 단원의 내용을 통해 그 어려움을 해결할 수 있었으면 한다.

05 우리나라에 항아리상권이 존재하지 않는 이유

항아리상권에 적합한 업종은 뭘까요?

6,000세대 신도시 항아리상권에는 어떤 업종이 괜찮을까요?

1만 세대 항아리상권에는 무슨 업종이 좋을까요?

이 질문은 어디가 잘못된 걸까? 2025년 기준 우리나라에 항아리상권이 있을까? 과거에 이야기하던 독점 가능한 항아리상권은 이제 없다고 보는 것이 맞는다. 그 이유는 2가지다.

항아리상권은 사라졌다

'GS25'의 진짜 경쟁자는 'CU'가 아니라 '배달의 민족'이다?

현재 우리나라에 항아리상권이 없는 첫 번째 이유는, 상권에는 오프라인 상권만 있는 게 아니라는 것이다. 이제 상권분석에 대해 이야기할 때는 배후세대, 생활동선, 경쟁강도만 가지고 이야기하는 부동산적 관점에만 머물러 있어서는 안 된다. 오프라인 상권과 더불어 온라인 상권에 대한 부분도 함께 고민하고 분석해야 한다.

어쩌면 'GS25'의 최대 경쟁자는 'CU'가 아니라 '배달의 민족'이다. 편의점은 경쟁사와 강한 차별성을 만들기가 어려운 업종이다. 그래서 매장이 어디에 있는지가 매출에 결정적인 역할을 한다. 'GS25', 'CU', '세븐일레븐', '이마트24'는 '위치'라는 요인이 아니라 '브랜드 경쟁력'이라는 차별성을 만들기 위해 PB상품Private Brand products, 먹거리, 신선 식품 구색 강화에 집중한다.

상권의 구분

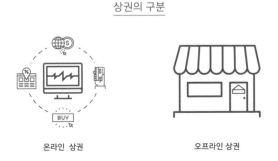

온라인 상권   오프라인 상권

GS25 VS

하지만 추후에는 '배달의 민족'에서 운영하는 'B마트'가 오프라인 편의점의 경쟁자가 될 수 있다. 가까운 거리에 있는 편의점을 이용하던 사람들이 'B마트'의 퀵커머스 서비스를 이용함으로써 신선 식품이나 생필품을 밖에 나가지 않고 집에서 주문할 수 있는 것이다. 배달 시장이 이렇게 거대해질 거라고 아무도 예상하지 못했던 것처럼 퀵커머스 서비스도 어떻게 성장할지 아무도 알 수 없다. 온라인 상권과 오프라인 상권이 충돌하는 사례는 이뿐만이 아니다.

'이마트'의 최대 경쟁자는 '홈플러스'나 '롯데마트'가 아니라 '쿠팡'이다. '이마트'는 오프라인 매장을 중심으로 '홈플러스', '롯데마트'와 경쟁 구도를 이어왔지만 소비자의 구매 패턴이 온라인으로 급격히 이동하면서 상황이 달라졌다. 이제 단순한 오프라인 시장 점유율 싸움은 의미가 적어지고 온라인과 오프라인을 아우르는 통합 유통 전략이 필요해졌다.

온라인과 오프라인 업종의 경계가 무너지고 있다. 항아리상권은 지역 내 소비가 외부로 나가지 않아 고정 고객이 많은 곳, 즉 '동네 장사' 중심의 상권을 의미했다. 그러나 온라인 쇼핑의 성장

emart vs coupang

과 배달 서비스의 보편화로 항아리상권의 경계는 점차 무의미해지고 있다. 특히 배달 플랫폼을 통한 서비스가 전국 어디서든 가능해지면서 지역에 구애받지 않는 소비 트렌드가 형성되고 있다.

과거 항아리상권으로 분류되던 주거 밀집 지역조차 온라인 소비 비중이 높아지고 있다. 사람들은 더 이상 거리나 위치에 구애받지 않고 모바일 애플리케이션을 통해 필요한 모든 것을 주문하기 때문에 상권 간 경계가 점차 흐려지고 있다. 이런 변화는 상권과 고객 사이 물리적 거리의 중요성이 줄어드는 데 영향을 주고 있고 온라인과 오프라인이 경쟁하는 시대가 됐음을 의미한다.

결론적으로 항아리상권은 더 이상 유효한 상권 개념이 아니며 자영업자는 새로운 소비 패턴에 맞춘 전략적 변화를 고민해야 할 때다.

두 번째 이유는 물리적인 거리를 기준으로 상권 범위를 판단하면 오산이다. 상권분석에 대한 논문이나 책을 보면 1차 상권, 2차 상권, 3차 상권처럼 거리를 기준으로 상권의 범위를 이야기한다. 내 강의에서 만나는 사람들도 상권 범위를 어떤 기준으로 나누는 것이 좋겠냐는 질문을 많이 한다.

학술적으로는 상권의 범위를 물리적으로밖에 표현할 방법이 없다. 그런데 현실에서는 물리적인 거리로 딱딱 끊어서 이야기할 수 없다. 콘텐츠에 따라 500m 반경의 사람들이 찾아오는 매장일 수도 있고, 부산에서 서울까지 사람들이 찾아오는 매장일 수도 있다. 상권분석은 부동산만의 이야기가 아니다. 콘텐츠와 부동산의 조합이므로 어떤 콘텐츠를 어떻게 운영하냐에 따라 상권의 범위는 완전히 달라진다.

그리고 차량을 통한 이동도 고려 대상이다. 가족과 함께하는 외식 장소나 고등학교 동창과 오랜만에 가지는 술자리를 거리를 기준으로 결정할까? 도보로 접근할 수 있는 거리에 소비할 만한 매장이 없다면 이제 사람들은 차량을 통해 먼 거리를 이동한다. 장소 정보가 부족했던 시절에는 교외 매장에 대한 정보가 없어 먼 거리 이동이 쉽지 않았다. 하지만 지금은 어떤가. 네이버 MY플레이스나 블로그, 유튜브, 인스타그램을 통해 본인이 가보지 않은 매장의 인테리어와 메뉴 구성, 맛에 대한 평가도 검색이 가능하다. 더 이상 사람들은 가까운 거리를 기준으로 소비하지 않는다. 가치가 있다면 먼 거리를 이동하는 데도 불편함이 없는 시대다.

이런 2가지 이유 때문에 나는 현재 대한민국에 항아리상권은 존재하지 않는다고 생각한다.

네이버 데이터랩을 활용한 콘텐츠 경쟁력 분석

상권분석 시 오프라인 위치만 고려하는 것은 더 이상 충분하지 않다. 대부분 고객은 매장을 방문하기 전 온라인에서 해당 매장에 대한 정보를 검색한다. 온라인 상권이 곧 매장의 첫인상이자 중요한 입지로 자리 잡았다. 특히 네이버, 유튜브, 인스타그램 같은 주요 SNS에서 매장을 검색했을 때 어떤 정보가 노출되는지, 특정 키워드를 입력했을 때 매장이 적절히 드러나는지는 곧 온라인 상권의 완성도를 평가하는 중요한 요소다.

매장을 방문하기 전 온라인에서 정보를 충분히 탐색하고 방문 목적을 결정하는 고객 비중이 점차 높아지고 있다. 이는 사람들이 단순히 오프라인 상권만 보고 움직이는 것이 아니라 온라인 상권의 노출도를 통해 최종 소비 결정을 내린다는 의미다. 검색 결과에서 매장이 매력적이고 신뢰성 있게 보이는 것은 오프라인 매장을 찾도록 유도하는 강력한 마케팅 수단이다.

온라인 상권이 잘 구축돼 있는지 확인하는 방법은 간단하다. 해당 상권이나 브랜드, 매장에 대한 검색량이 많다면 그 상권이 온라인에서 인지도를 쌓아가고 있다는 증거다. 반면에 검색 결과에서 노출이 저조하거나 관련 정보가 충분히 제공되지 않는다면 온라인 상권 강화에 집중해야 할 때다.

이제 상권분석에서 온라인 상권 구축은 선택이 아닌 필수다. 온라인에서 먼저 소비자의 눈에 포착되지 않는다면 그만큼 오프라인 방문 가능성도 줄어들 수밖에 없다. 온라인과 오프라인 상권의 경계가 모호해진 지금은 SNS 마케팅을 통해 온라인 상권을 효과적으로 구축하는 것이 경쟁력을 높이는 핵심이다.

그렇다면 본인 매장의 검색량 데이터는 어떻게 확인할까? 네이버 데이터랩을 이용하면 일간, 주간, 연간 키워드 검색량 변화를 볼 수 있다. 간단한 검색량 조회를 토대로 해당 브랜드나 매장, 아이템이 사람들의 관심을 받고 있는지, 아니면 관심이 식어가고 있는지 알 수 있다.

작년에 큰 인기를 끌었던 요거트 아이스크림 프랜차이즈 브랜드인 '요아정(초록색 그래프)'을 검색해보면 [그림 2-22]처럼 2024년 7, 8월 이후로는 검색량이 급격히 하락하는 것을 볼 수 있다. 아이스크림 특성상 더운 여름철 매출이 높고 추운 겨울철 매출이 낮은 것도 요인일 수 있으나 실제 브랜드 선호도 영향일 거라는 게 내

그림 2-22   네이버 데이터랩 키워드 검색 예시 1

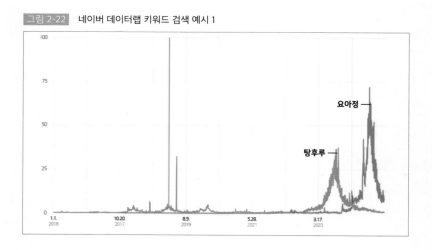

개인적인 생각이다. 왜냐하면 '탕후루(분홍색 그래프)'의 검색량 추이와 유사하기 때문이다. 탕후루는 실제 2023년 봄과 여름에 선풍적인 인기를 끌었고 키워드 검색량을 봐도 파악이 가능하다. 그리고 2023년 가을 이후로 검색량이 급격히 감소했고 이는 탕후루 가게의 매출과 사람들의 관심도 하락 추이와 유사했다. '요아정' 역시 실질적인 검색량이 낮아지고 있기 때문에 과거의 인기를 꾸준히 유지하지 못할 가능성이 높다.

[그림 2-23]도 살펴보자. 무한 리필 고기구이 브랜드 톱 3인 '명륜진사갈비(초록색 그래프)', '육미제당(분홍색 그래프)', '고기싸롱(보라색 그래프)'의 2016~2024년 키워드 검색량이다.

'명륜진사갈비'는 2018~2020년 선풍적인 인기를 끌었다. 2020년에는 전국 매장 수가 500개를 넘었으나 코로나19 시기 80곳 이상이 폐업하고 2022년 브랜드 리뉴얼로 다시 매장 수가 증가하

그림 2-23 네이버 데이터랩 키워드 검색 예시 2

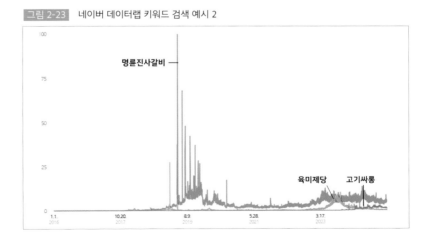

기 시작했다. 2023년 한 해 동안 130개가 넘는 가맹점이 새로 생겼고 이런 현상은 키워드 검색량 추이와 비슷하게 움직였다. 그리고 2022년부터 경쟁사라고 할 수 있는 '육미제당'과 '고기싸롱'이 생기면서 전체 키워드 검색량 비중은 내려갔으나 [그림 2-23]에서 보듯이 급격한 검색량 하락이 나타나지는 않았다. 즉, 무한 리필 고기구이 브랜드의 인기는 더 오랜 시간 동안 유지될 가능성이 높다.

네이버 데이터랩을 이용하면 이런 단순한 검색량뿐 아니라 보다 정교한 데이터도 확인할 수 있다. 상권분석 시 유용한 인사이트를 얻을 수 있으므로 꼭 활용해보길 바란다.

같은 지역 내에서 운영 중인 같은 브랜드의 '파리바게뜨' 매장이라도 각 매장의 매출액과 수익성은 모두 다르다. 이유는 상권이 서로 다르기 때문이다. 매장의 입지에 따라 배후세대 범위가 달라지고 이는 매출과 연결된다.

같은 브랜드의 매장이라도 매출액은 모두 제각각이다. 어디서 운영하냐에 따라 매출액이 달라지기 때문이다. 다음의 A, B, C, D 상권에 위치한 매장들의 인테리어 비용은 비슷하나 수익성은 완전히 다르다. 임차 조건과 권리금 차이는 있을 수 있으나 상대적으로 더 높은 매출이 나올 수 있는 매장이라면 수익성에 영향을 줄 만한 요소는 아니다.

서울 지하철 남성역과 이수역의 핵심 상권 범위

장사 고수들은 브랜드를 잘 기획하기도 하지만 해당 브랜드에 적합한 상가를 선정하는 능력도 뛰어나다. 그런데 예비 창업자들이 가장 궁금해하는 것은 '요즘 뜨는 브랜드가 뭐지?'다. 좋은 프랜차이즈 브랜드를 잘 선택하면 안정적인 매출이 나올 거라고 생각하는 사람이 많다. 그렇지 않다. 좋은 프랜차이즈 브랜드를 선정하는 것도 물론 중요하지만, 상권분석을 통해 그 브랜드의 매출이 발생할 수 있는 곳이 어디인지 분석하고 제대로 판단하는 것이 더 중요하다.

What … 무엇을 팔 것인가? (아이템)
How … 어떻게 팔 것인가? (서비스, 마케팅)
Where … 어디서 팔 것인가? (상권분석)

창업 전 이 3가지 질문에 대한 답을 찾아야 한다. 창업은 확률 게임이므로 이 모든 것을 다 준비해야 한다. 하지만 안타깝게도 예비 창업자 10명 중 9명은 '무엇을 팔 것인가?(어떤 프랜차이즈 브랜드가 좋은가?)'에만 몰두하는 경향이 있다.

다음의 체크리스트를 통해 본인의 창업 준비 정도를 스스로 확인해보길 바란다. 부족한 부분이 있다면 그 질문에 대한 준비를 시작해야 한다. 창업은 실패 확률이 가장 높은 투자 종목이다. 절대 가벼운 마음으로, 수동적인 태도로 시작하면 안 된다. 0점부터 10점까지 본인에 대한 객관적인 평가를 해보길 당부한다.

창업 준비 정도 체크리스트

What(0~10점)		How(0~10점)		Where(0~10점)	
브랜드 비교 평가		인력 관리		목표 상권	
맛		고객 서비스		임차 시세 파악	
메뉴 구성		네이버 MY플레이스		필요 면적(최소/최대)	
원가율 계산		인스타그램		권리금, 임대차 계약	
주요 고객 파악		운영 매뉴얼		인근 매장 매출액	
평균		평균		평균	
종합 평균					

06 핫플레이스 상권이 만들어지는 원리

　　'핫플레이스'는 'hot(인기 많은, 트렌디한)'과 'place(장소)'
의 합성어로, 줄여서 흔히 '핫플'이라고 한다. 핫플은 현재 유행하
는 장소나 사람들이 많이 찾는 인기 있는 곳을 의미한다. 핫플상
권이라 불리는 지역은 대개 독특하고 트렌디한 분위기를 자랑하
며 프랜차이즈 브랜드 매장보다 개성 있는 독립 상점들이 주를 이
룬다.

　현재 서울의 대표적인 핫플상권으로는 힙지로(을지로), 용리단길
(용산), 힙당동(신당동), 익선동 등이 있다. 이런 상권들은 다음과 같
은 특징을 가지고 있다.

　- 독특한 콘셉트와 분위기 : 특별한 테마나 인테리어로 방문객의 눈길을 끔

　- 다양한 경험 제공 : 단순한 쇼핑이나 식사를 넘어 새로운 경험을 제공함

- SNS 친화적 요소 : 유튜브나 인스타그램 등 SNS에 공유하기 좋은 시각적 요소가 많음
- 트렌드 선도 : 최신 유행을 반영하거나 새로운 트렌드를 만들어내는 경향이 있음

이런 핫플상권은 주로 SNS를 통해 입소문이 나면서 빠르게 인기를 얻는다. 유튜브나 인스타그램에서 바이럴 마케팅 효과를 누리며 많은 방문객이 자발적으로 홍보에 참여한다. 이로 인해 상권 인지도가 높아지고 더 많은 사람이 찾아오게 만드는 선순환 구조가 형성된다.

핫플상권의 수명은 제각각이다. 어떤 곳은 오래 인기를 끌지만 어떤 곳은 금세 사라진다. 이 차이는 어디서 올까? 핫플상권이 오래가는 이유에는 3가지 핵심 요소가 있다.

1. 배후세대(고정+외부)

고정 배후세대 없이 외부에서 찾아오는 수요만으로 유지되는 상권은 오래가지 못한다. 상권의 안정성을 유지하기 위해서는 고정 배후세대(주거 배후세대+직장인구)는 필수다.

2. 접근성(대중교통+연계 교통수단)

쉽고 편리한 접근성은 더 많은 사람을 방문하게 만들고 상권 활

성화에 직접적인 영향을 미친다. 만약 대중교통이 없는 곳이라면 차량 주정차가 가능해야 한다.

3. 뷰(자연 또는 도심)

이곳에서만 볼 수 있는 자연경관이나 도심 풍경은 상권을 방문하는 사람들에게 독특한 경험을 제공한다. 아울러 SNS 공유를 통해 콘텐츠가 재생산돼 마케팅 비용을 들이지 않고 자연스러운 홍보가 가능하다.

서울 용산구의 경리단길은 2010년대 초반부터 주목받기 시작한 핫플상권이다. 이 지역만의 독특하고 트렌디한 공간들이 많아 SNS를 통해 전국적으로 유명세를 얻었다. 개성 넘치는 카페와 레스토랑, 바, 그리고 아티스트들의 작업실 등이 좁은 골목을 따라 밀집해 있어 이곳을 찾는 사람들에게 새로운 경험과 분위기를 제공했다. 그런데 현재의 경리단길은 어떨까? 코로나19 펜데믹이 종식됐음에도 불구하고 과거의 활기를 되찾지 못한 채 여전히 침체된 모습이다.

경리단길 상권이 침체된 주요 원인은 고정 배후세대 부재와 그로 인한 외부 방문객에 대한 과도한 의존에 있다. 지역 주민들보다 외부에서 찾아오는 사람들을 중심으로 상권이 형성되다 보니 평일과 주말의 매출 격차가 극심하게 벌어졌다. 이는 안정적인 고객층 확보의 어려움으로 이어졌고 결과적으로 상권의 지속 가능성에 큰 영향을 미쳤다.

경리단길 사례는 핫플상권에서도 충분한 고정 배후세대의 존재가 얼마나 중요한지 잘 보여준다. 안정적인 지역 고객층은 상권의 기본적인 수요를 유지하고 외부 방문객의 유동적인 수요와 균형을 이루는 데 필수적이다.

이런 관점에서 실제 사례를 통해 핫플상권이 어떻게 형성되고 유지되는지 살펴보는 것은 매우 중요하다. 성공적인 핫플상권의 요소들을 분석해 어떻게 만들어지는지 정리해보겠다.

고정 배후세대와 접근성의 조합

1. 신당동 상권

서울 중구 신당동은 과거 즉석 떡볶이로 유명한 동네였지만 최근에는 MZ세대의 핫플인 '힙당동'으로 변모하며 새로운 명성을 얻고 있다. 이런 변화는 단순한 우연이 아니라 여러 요소들이 복합적으로 작용한 결과다. 과거 신당동은 양곡 판매점, 가구 매장, 주방기기 매장 등이 주를 이루던 곳이었다. 하지만 지금은 이면 골목에 트렌디한 매장들이 속속 들어서기 시작했다. 'TDTD'에서 기획한 '주신당', '토보키', '메일룸' 같은 새로운 콘셉트의 매장들

그림 2-24 신당동 상권

이 생겼고 이어서 인스타그램에 올리기 좋은 인스타그래머블한
공간들이 연이어 등장하면서 젊은 층을 끌어들이는 매력적인 상
권으로 발전했다.

더불어 신당동 핫플들과 함께 오랜 역사를 자랑하는 서울중앙
시장의 노포들도 재조명받기 시작했다. 유명 유튜버들도 앞다투
어 신당동 핫플에서의 먹방 촬영을 진행했고 이는 전통과 현대,
오래된 것과 새로운 것의 조화를 보여주는 좋은 예시가 됐다.

그렇다면 이런 신당동의 변화는 어떻게 가능했을까? 단순히 F&B 기획자들의 뛰어난 기획력 때문일까? 평당 10만 원 이하의 낮은 임차료 덕분일까? 물론 이런 요소들도 중요한 역할을 했지만 더 근본적인 이유는 뛰어난 교통 접근성 때문이다. 아무리 좋은 콘텐츠와 이색적인 공간이 있어도 쉽게 방문할 수 있는 환경이 갖춰지지 않으면 지속 가능한 상권 형성은 어렵다.

신당역은 지하철 2호선과 6호선이 만나는 더블 역세권으로, 일평균 승하차 인원만 해도 2024년 기준 4만 6,000명 수준이다. 비록 역 인근에 대형 오피스나 대단지 주거지가 없지만 한 정거장 거리에 동대문시장이 위치해 있다. 또한 기존 서울중앙시장의 다양한 콘텐츠가 고정 배후세대의 부족함을 보완해주고 있다.

2. 을지로 상권

'힙지로'는 '힙하다'와 '을지로'의 조합으로 만들어진 을지로를 부르는 신조어다. 원래 서울 중구 을지로는 인쇄소와 공구 상가가 밀집된 곳으로, 2010년부터 저렴한 임차료를 찾아 젊은 예술가들과 사업가들이 이곳으로 모이기 시작했다. MZ세대 취향을 반영한 트렌디한 인테리어와 연출을 볼 수 있는 곳으로 유명해졌다.

을지로 상권이 지금처럼 성장할 수 있었던 배경은 2가지다. 먼저 배후세대 관점에서 보면 을지로에는 대형 오피스가 많고 명동이 가까워 외국인 방문율이 높다. 그리고 지하철 2호선과 3호선이

그림 2-25 을지로 상권

만나는 더블 역세권인 을지로3가역을 통한 접근성이 좋다.

을지로 상권은 평일에는 직장인들의 방문 비중이 높고 주말에는 외부에서 찾아오는 사람들의 비중이 높다. 이는 서울 영등포구 문래창작촌 상권과 대비되는 특징이다. 문래창작촌 상권은 주말 매출 비중이 평일보다 훨씬 높은데, 이곳에는 고정 배후세대(주거와 오피스 배후세대)가 없기 때문이다.

고정 배후세대가 없음에도 불구하고 문래창작촌 상권이 지금처

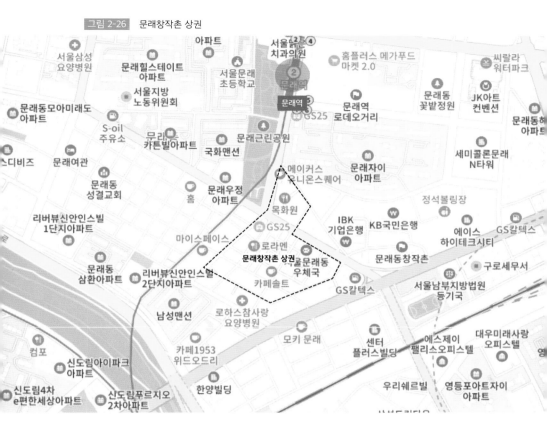

그림 2-26   문래창작촌 상권

럼 꾸준한 성장을 하는 데는 지하철 문래역에서 도보로 5분이면 갈 수 있는 접근성 덕분이다. 그리고 고정 배후세대가 없어 대부분 매장의 피크 타임이 18시 이후에 나타나는 특징도 가지고 있는 상권이다.

자, 그렇다면 여러분이 예비 창업자이면서 동일한 규모의 투자금을 가지고 있다면 두 상권 중 어디를 선택할 것인가?

을지로 상권

대형 오피스 밀집 + 지하철 2, 3호선 더블 역세권(을지로3가역)

+ 저렴한 임차료

vs

문래창작촌 상권

지하철 2호선 문래역 + 저렴한 임차료

결국 핫플상권이 만들어지는 3가지 핵심 요소 중 더 많은 요소를 가지고 있는 곳이 상권적으로 더 발달될 가능성이 높다.

──── 접근성과 뷰의 조합

1. 종로3가 상권

서울 중구 종로3가는 연계된 상권이 많아 내국인과 외국인을 가리지 않고 365일 소비가 집중되는 곳이다. 종로3가 상권이 핫플상권으로 부상할 수 있었던 첫 번째 이유는 뛰어난 접근성 때문이다. 종로3가는 서울 중심부에 위치하고 있으며 종로3가역은 지하철 1, 3, 5호선이 교차하는 트리플 역세권으로, 일평균 승하차 인원이 2024년 기준 10만 명이 넘는다. 게다가 인근의 인사동, 익선동, 서순라길과의 연계성을 바탕으로 이곳을 찾는 사람들은 자연

그림 2-27   종로3가 상권

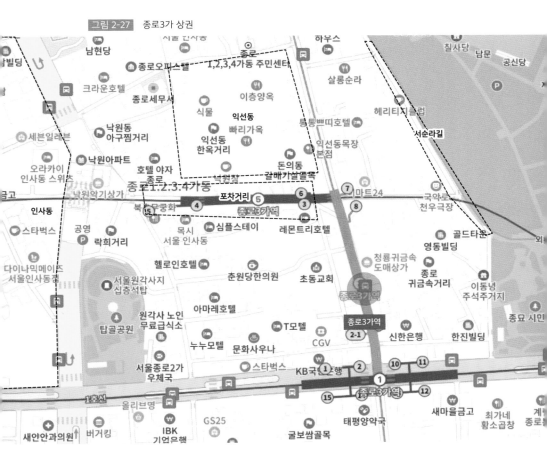

스럽게 종로3가 상권을 이용하게 된다.

두 번째 이유는 종로3가 상권은 옛것과 새것이 공존하는 독특한 시각적 매력을 느낄 수 있는 상권이라는 점이다. 익선동한옥거리, 서순라길의 종묘돌담길, 그리고 밤이 되면 종로3가역 5호선 출입구 라인을 따라 만들어지는 포차거리는 그 어떤 상권에서도 볼 수 없는 이곳만의 매력 포인트가 됐다.

2. 해방촌 상권

대중교통 접근성은 불편하지만 오직 독보적인 뷰로 핫플이 된 상권이 있다. 서울 용산구 해방촌 상권은 해방촌 신흥시장이 가지고 있는 독특한 분위기와 서울역 방향으로의 도심 뷰를 가지고 있어 MZ세대의 핫플이 됐다. 경리단길이 예전의 모습을 되찾지 못한 것과는 사뭇 다른 상황이다. 해방촌 상권은 크게 경리단길과

그림 2-28 해방촌 상권

가까운 거리에 있는 [그림 2-28]의 1번 영역(이국적인 메뉴의 판매 비중이 높은 상권)과 2번 해방촌 신흥시장 상권(뷰와 야장으로 인기가 많은 상권)으로 나눠진다.

그런데 이곳은 핫플상권이 되기에 치명적인 단점이 있다. 용산 2가동주민센터에 공영주차장이 있으나 주차 대수가 적어 평일에도 주차가 어렵다는 점이다. 해방촌 상권의 접근성은 극악 수준이라고 할 수 있다. 또한 높은 경사로에 있는 다세대주택과 다가구주택의 주거 배후세대로 구성된 곳으로, 마땅한 고정 배후세대가 없어 외부 유입으로만 영업을 해야 하는 상권이다. 그래서 문래창작촌 상권과 유사하게 평일보다 주말 매출 비중이 높다.

그럼에도 불구하고 이곳은 어떻게 핫플상권이 됐을까? 대중교통 접근성도 떨어지고 언덕에 위치해 걸어가기도 힘든 곳이지만

그림 2-29 해방촌 상권의 언덕에서 바라보는 도심 뷰

MZ세대의 애정을 받는 이유는 바로 이곳에서만 볼 수 있는 뷰와 해방촌 신흥시장의 뉴트로(오래된 것과 새로운 것이 복합적으로 나타나는 것) 트렌드 때문이다. 이곳은 언덕에 위치한 지형 덕분에 2~3층 건물에서 도심을 내려다보는 뷰와 남산타워를 볼 수 있는 뷰 모두를 가지고 있다.

핫플상권이 만들어지기 위해 필요한 3가지 요소를 다시 정리해보겠다.

❶ 고정 배후세대 : 외부 유입에 의존하지 않고 안정적으로 주 7일 영업 가능
❷ 대중교통 접근성 : 단기간의 유행이 아니라 오랜 시간 동안 살아남을 수 있는 에너지
❸ 뷰 : 해당 지역에서만 볼 수 있는 뷰가 있는 경우 매력적인 콘텐츠로 작용

Chapter

돈의 흐름을
찾아내는
지도 보는 법

: 구조화하기

01 90%의 사람들이 하는 잘못된 상권분석 방법

상권분석을 처음 접하는 사람들이 흔히 빠지는 함정이 있다. 여러 상권의 매물을 무작정 둘러보면서 그중 가장 좋아 보이는 곳을 찾아낼 수 있을 거라고 막연히 기대하는 것이다. 하지만 상권을 바라보는 제대로 된 프레임이 갖춰지지 않은 채 둘러보기만 한다면 무언가를 열심히 하고는 있지만 결국 잘못된 결과를 내놓게 된다. 이번 단원에서는 사람들이 흔히 하는 오해와 진실을 통해 돈이 되는 상권분석의 중요 포인트를 다시 한번 점검해보겠다.

여러 매물을 접하면 좋은 상가를 찾을 수 있다?

여러 매물을 보다 보면 어떤 상가가 좋은지 감이 올 것 같지만 단순히 다양한 물건을 많이 보는 것만으로는 좋은 상가를 찾을 수 없다. 본인이 어떤 콘텐츠를 어떻게 운영할 것인지, 브랜드에 대한 명확한 정의가 없는 상태에서는 50개, 80개가 넘는 수많은 매물을 봐도 어느 것을 선택해야 할지 판단하기 어렵다. 나에게 상권분석 상담을 신청하는 사람들이 자주 하는 말이 있다.

상권분석한다고 4개월 이상 발품을 팔았는데, 내가 지금 뭘 하고 있는지 모르겠어요.

여러 공인중개사를 만나면서 이야기를 들으면 감이 잡힐 거라 생각했는데, 오히려 더 헷갈려요.

아무리 발품을 다녀도 본인 매장에 맞는 상가를 찾기 어려운 이유는 판단의 기준이 명확하지 않기 때문이다. 상권분석은 콘텐츠와 부동산의 조합임을 기억해야 한다. 본인 매장에 맞는 좋은 부동산을 찾기 위해서는 콘텐츠에 대한 정리가 우선돼야 한다. 다음은 콘텐츠를 정리하기 위해 매장과 상권의 결이 맞는지 확인할 수 있는 질문 3가지다.

❶ 내 매장의 주요 고객은 어떤 사람인가?

❷ 내 매장의 피크 타임은 언제며 테이블당 예상 단가는 얼마인가?

❸ 내 매장의 주요 고객과 결이 맞는 상권인가?

상권분석을 할 때는 건물의 외관, 가시성, 내부 레이아웃, 임차 조건 같은 입지적 요소만 고려해서는 안 된다. 부동산 공인중개사가 제공하는 매물 정보에만 집중하다 보면 상권의 전체적인 맥락을 놓치고 단순히 입지적 요소만 보게 되기 쉽다. 따라서 상권분석은 반드시 1~4단계의 프로세스로 나눠 체계적으로 살펴봐야 한다.

1단계 콘텐츠 아이덴티티 정리

2단계 목표 상권 설정(최소 3곳 이상)

3단계 각 목표 상권의 전체적인 특징 파악(시간대별 매출, 주요 시설물 현황, 배후세대 등)

4단계 입지 평가(건물 내외부, 가시성, 내부 레이아웃, 임차 조건, 면적, 주차 공간, 인근 프랜차이즈 브랜드 매장 현황 등)

상가 매물 정보를 검토하기에 앞서 반드시 1~3단계를 차근차근 정리해야 정확한 비교 평가가 가능하다. 하지만 상권분석 초보자들은 이 단계들을 건너뛰고 바로 4단계로 뛰어드는 실수를 범한다.

공인중개사는 선택의 기준이 아니라 선택 가능한 대안을 제시하는 역할을 한다. 따라서 본인이 원하는 상가에 대한 명확한 기준이 없다면 늘어나는 매물 목록 속에서 결국 방향을 잃게 된다.

공인중개사는 경계 대상이다?

창업을 고려하는 사람들에게 공인중개사는 '현장 전문가'이자 '정보의 창구'로서 핵심적인 역할을 한다. 이들은 일반인이 접근하기 어려운 상권 정보와 매물 자료를 제공하며 오랜 경험을 통해 축적한 지역 특성과 상권 흐름에 대한 실질적인 조언을 제공하는 전문가다. 하지만 시장에서 공인중개사에 대한 인식이 늘 긍정적인 것은 아니다. 일부는 수수료와 본인의 이익을 우선시해 특정 매물을 과도하게 추천하거나 권리금 협상 과정에서 불필요하게 개입해 부적절한 이익을 취하는 사례가 있다.

투자자에게 공인중개사는 양면적 존재다. 한편으로는 '정보 제공자'이자 든든한 '협력자'지만, 다른 한편으로는 이들이 제공하는 정보를 객관적으로 검증해야만 한다. 결국 공인중개사와 어떤 관계를 구축하고 소통하냐에 따라 이들은 경계 대상이 아닌 사업 성공을 위한 파트너가 될 수 있다.

다음으로 예비 창업자가 공인중개사와 어떻게 소통하고 협력해야 수익성 있는 결정을 할 수 있는지 실전에서 검증된 핵심 인사이트 5가지를 소개하겠다.

1. 사무소 방문 전 먼저 상권 분위기와 특징 파악하기

부동산 공인중개사 사무소를 방문하기 전에 먼저 인근 상권을 둘러보고 가는 것이 좋다. 그래야 공인중개사가 설명해주는 상권에 대한 이야기를 보다 잘 이해할 수 있고 때로는 비판적인 시선으로 정보를 거를 수 있다.

본인이 아는 만큼 질문의 내용도 깊어진다. 해당 상권에 대한 배경지식이 없다면 중요한 정보를 제대로 얻지 못할 수 있다. 소중한 시간을 내어 방문한 현장인데, 그 시간을 최대한으로 활용하기 위해서라도 사전 조사는 필수다.

2. 본인이 찾는 상가에 대해 구체적이고 명확하게 말하기

40평 규모의 고깃집을 운영하려는데, 주차장이 확보된 1층 상가를 찾고 있습니다. 월세는 500만 원 이하로 생각하고 있습니다.

보증금과 권리금을 합해 1억 5,000만 원 정도 예산으로, 역세권 30평 상가를 찾고 있습니다. 가능하다면 주방 시설이 갖춰진 곳이면 좋겠습니다.

위 예시는 구체적이고 명확한 설명이다. 본인이 찾고자 하는 상가를 효율적으로 탐색하기 위해서는 공인중개사에게 최대한 상세한 정보를 제공하는 것이 중요하다. 예산, 규모, 위치, 시설 조건 등 구체적인 요구 사항을 전달해야 공인중개사가 적합한 매물을 떠올리고 추천할 수 있다.

40평 상가를 찾습니다.
권리금 5,000만 원 이하의 30평 매물을 찾습니다.

이렇게 모호하고 추상적인 설명으로는 아무리 공인중개사라도 고객이 원하는 상가의 구체적인 조건을 파악하기 어렵다. 공인중개사가 모든 매물에 대한 정보를 머릿속에 가지고 있는 것은 아니다. 40평의 고깃집 할 자리를 찾는 고객이 찾아오면 마치 컴퓨터처럼 보유하고 있는 40평대 매물이 머릿속에 떠오르지 않는다. 따라서 고객이 제공하는 구체적인 조건들을 바탕으로 적합한 매물을 찾고 검토하는 시간이 필요하다. 이 과정에서 상세한 요구 사항은 매우 중요한 기준이 된다.

또한 공인중개사가 알고 있는 매물이라도 고객과의 대화가 모호하면 해당 상가가 고객 니즈에 맞는 곳임을 인지하지 못할 수 있다. 그러면 적합한 매물 정보를 알고 있음에도 불구하고 소개하지 못하는 경우가 발생한다. 따라서 공인중개사와의 효과적인 소통을 위해 다음과 같은 구체적인 정보를 반드시 제공해야 한다.

- 실제 운영 중인 샘플 매장의 상세 정보(주소, 면적, 층수, 구조, 주요 고객층, 권리금·보증금·월세 등의 임차 조건 등)
- 실제 매물은 아니더라도 선호하는 상가의 구체적인 위치와 주변 환경(주소지, 도보 거리의 주요 시설물, 교통 여건 등)

3. 매물 정보 외 지역 상권 정보도 물어보기

공인중개사는 상권에 대한 풍부한 인사이트를 가지고 있다. 이들은 부동산 거래를 하면서 동시에 현장에서 직접 경험하며 해당 상권을 가장 잘 이해하는 전문가다. 따라서 매물 정보와 함께 상권에 대한 포괄적인 정보도 적극적으로 문의하는 것이 좋다.

공인중개사의 전문성을 활용해 상권의 장단점을 꼼꼼히 파악해야 한다. 이들이 제공하는 지역 상권 정보는 매우 가치 있는 자산이다. 특히 상권의 최근 변화와 개발 계획에 대한 정보는 해당 지역의 미래 가치를 예측하는 데 큰 도움이 된다.

4. 소개받은 매물에 대해 상세한 피드백 제공하기

사무소를 찾는 고객의 약 97%는 소개받은 매물에 대한 피드백을 하지 않는다. 나도 현재 공인중개사로 활동하고 있지만 대부분 고객은 매물 정보를 듣고 간 이후 해당 매물에 대해 본인이 어떤 생각을 가지고 있는지 말해주지 않는다. 이는 어쩌면 인간의 자연스러운 본능일 수 있다. 특히 마음에 들지 않는 매물의 경우 대부분 사람은 거절 이유를 구체적으로 설명하기보다 무응답으로 의사를 표현한다. 이런 태도는 결과적으로 본인에게도, 공인중개사에게도 도움이 되지 않는다.

그렇다면 공인중개사에게 소개받은 매물에 대해 상세한 피드백을 제공하면 어떤 변화가 일어날까? 우선 해당 고객은 공인중개사에게 신뢰할 수 있는 상위 3% 고객으로 인식된다. 오히려 공인중개사로부터 진심 어린 감사 인사를 받게 될 것이다. 이는 단순한 예의의 문제를 넘어서는 것으로, 향후 더 좋은 매물 정보를 받을 수 있는 기회로 이어진다. 매물을 소개받은 후에는 가급적 1주일 이내에 피드백을 주는 것이 가장 효과적이다.

여기서 말하는 피드백은 계약 여부를 결정하는 것이 아니다. 매물의 장단점, 가격의 적정성, 위치의 적합성 등 다양한 측면에서 본인의 의견을 진솔하게 전달하는 것을 의미한다. 구체적인 피드백은 공인중개사가 고객의 니즈를 더 정확하게 파악할 수 있게 해주며 결과적으로 고객은 본인이 찾는 상가와 더 잘 맞는 매물을 추천받을 확률이 높아진다. 또한 공인중개사 입장에서도 피드백을 성실하게 제공하는 고객은 실제 거래로 이어질 가능성이 높다고 판단해 적극적으로 매물을 찾아주거나 심지어 다른 사무소와의 네트워크를 동원해서라도 고객에게 적합한 매물을 소개해주고자 노력한다.

5. 부동산 매물 정보는 한 곳에서만 듣지 말기

공인중개사가 지역의 모든 매물을 파악할 수 없기에 투자자라면 최적의 매물을 찾기 위해 여러 공인중개사와 동시에 소통해야 한다. 한 곳의 사무소에서만 매물을 소개받다 보면 좋은 조건의 상가가 매물로 나온 것을 알아차리지 못할 수 있다. 그래서 여러 명의 공인중개사와 동시에 소통하다 보면 필연적으로 매물 정보가 중복되는 상황이 발생한다. 이때는 정보에 대한 교통정리를 잘 해야 한다.

이 매물은 다른 사무소에서 소개받은 곳이라 다른 매물로 소개해주시면 좋겠습니다.

다른 사무소와도 소통하고 있다는 말을 전하는 게 불편한 사람도 있을 것이다. 하지만 투명한 소통은 서로 간에 신뢰를 구축하는 데 도움이 된다.

잘 알고 있는 지역에서 상권분석을 하면 유리하다?

본인이 잘 알고 있는 지역에서 창업이나 투자할 상가를 찾아보라고 말하는 사람들이 있는데, 오히려 위험할 수 있다. 상권에 대해 분석하는 것과 실제 그 지역에서 생활하는 것은 다른 이야기기 때문이다. 서울 여의도에서 10년 이상 근무한 사람은 과연 여의도 상권에 대해 잘 알고 있을까? 그렇지 않을 가능성이 높다. 가령 본인이 습관적으로 가는 식당이나 카페, 근무하는 회사, 이용하는 지하철역 인근에서 주로 시간을 보낸다면 해당 상권의 전체적인 모습이나 평일과 주말의 차이를 알기 어렵다.

또한 본인이 잘 알고 있는 지역에서 상가를 찾을 때 조심해야 하는 이유는 개인적인 경험에 의존해 직감적인 결정을 할 가능성 때문이다. 예를 들어 실제로는 생활동선 연결성이 강한 골목이 아닌데, 본인이 개인적으로 자주 가는 가게가 있어 그 골목으로 다닌다면 해당 상가의 가치를 실제보다 높게 평가할 수 있다.

분석의 영역과 생활의 영역은 다르다. 본인이 모르는 지역이라도 상권분석만 제대로 하면 전체적인 분위기와 생활동선이 연결되는 골목이 어디인지 파악이 가능하다. 그래서 잘 알고 있는 지역에서 투자나 창업을 하는 것이 무조건 유리하다고 말할 수 없다. 오히려 제대로 된 비교 평가를 하지 못해 더 좋은 상가를 놓칠 수 있다.

익숙한 지역에서 창업이나 투자를 할 때 놓치기 쉬운 핵심이 비교 평가다. 검토 지역이 본인이 알고 있는 곳으로 한정되면 객관적인 비교 없이 결정을 내릴 위험이 크다. 예를 들어 30평 규모의 고깃집을 창업한다고 가정해보자. 실제 현장에서 매물을 둘러보면 30평대 상가가 많지 않다는 사실을 알 수 있다. 투자 금액까지 고려하면 관심 지역에서는 적합한 매물을 찾기 어려울 수 있다.

상가 투자도 마찬가지다. 본인이 찾는 이상적인 매물은 현실에서 찾기 어렵다. 입지가 좋으면 투자금 규모가 맞지 않고 투자금 규모가 맞으면 입지가 아쉽다. 적합한 매물을 찾으려면 충분한 시간을 들여 여러 상권을 살펴봐야 한다.

성공적인 투자는 다양한 매물을 비교 평가하며 기회비용을 최소화하는 것에서 시작한다. 한 지역에만 집중하기보다 시간과 노력이 더 들더라도 최대한 많은 지역을 살펴보고 경험을 쌓아야 한다. 우리의 투자금은 한정돼 있다. 그렇기 때문에 창업이나 상가 투자를 할 때는 최적의 판단이 필요하며 이는 여러 지역을 동시에 비교하고 조사해야 가능하다.

상권분석에는 공식이 있다?

상권분석을 처음 접하는 사람들은 흔히 수학 문제처럼 정해진 공식이나 해답을 찾으려 한다. 그러나 현실에서의 상권분석은 그렇게 단순한 방정식이 아니다. 상가는 개별성이 강해 주거용 부동산보다 고려해야 할 요소가 훨씬 많다. 반면에 주거용 부동산은 비교적 일관된 기준으로 평가할 수 있다.

회사까지 얼마나 걸릴까?

대중교통 이용은 편리한가?

아이 학교는 어디지?

공원이나 마트는 가까워?

이런 기준은 사람마다 약간의 차이는 있어도 크게 벗어나지 않는다. 그래서 주거용 부동산은 비교적 정형화된 분석이 가능하다. 물론 주거용 부동산도 개별적인 매력이 있고 매수자의 취향에 따라 선택이 달라질 수 있지만, 상업용 부동산에 비해 정보의 비대칭성이 적고 일반화된 판단이 통하는 경향이 있다.

하지만 상가는 다양한 변수가 존재한다. 열악한 위치에서도 월 매출액 1억 원 이상을 달성하는 매장이 있으며 강력한 브랜드는 조용한 골목에서도 사람들을 끌어모을 수 있다. 반면에 준비 없이 뛰어든 초보 창업자는 유동인구가 많은 핵심 상권에서도 어려움을 겪을 수 있다. 운영자가 누구며 어떻게 운영하냐에 따라 좋은 상가와 그렇지 않은 상가가 결정된다.

같은 상권이라도 골목마다 유동인구의 흐름은 다르게 나타나며

그림 3-1 　관철동 상권의 동선

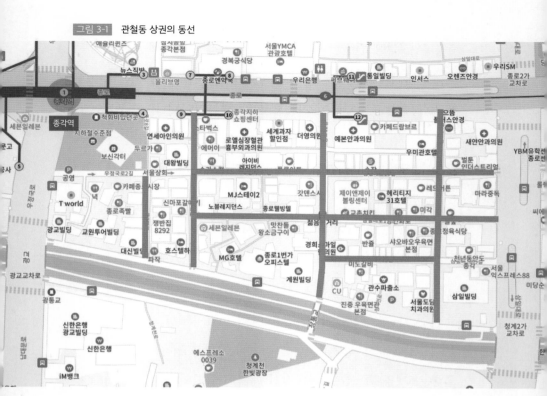

그에 따라 상가의 가치도 달라진다. 예를 들어 [그림 3-1]의 서울 종로구 관철동 상권을 살펴보면, 지하철 종각역 출구와 이어진 주요 골목(빨간색 라인)의 경우 저녁 시간대에는 사람들의 발길이 끊이지 않아 상가 임차료와 권리금이 높게 형성돼 있다. 반면에 인근의 눈에 띄지 않는 골목(초록색 라인)은 유동인구가 적어 상가의 가치가 상대적으로 낮게 평가된다. 이처럼 한 상권 내에서도 유동인구 집중도와 동선에 따라 매출 잠재력과 시장 가치가 크게 달라진다.

[그림 3-1]의 3가지 동선을 나눠보면 다음과 같다.

1등 동선(빨간색)

사람이 가장 많이 다니는 길로, 대중교통 인근이나 번화가의 주요 거리처럼 눈에 잘 띄고 유동인구가 가장 많은 길

⇒ 상권의 중심, 매출의 핵심이 되는 곳

2등 동선(파란색)

1등 동선과 연결돼 있지만 생활동선 연결성이 다소 낮은 길

⇒ 주요 동선 대비 노출도가 낮고 절대 유동인구에서도 차이가 나는 곳

3등 동선(초록색)

사람들의 발길이 거의 닿지 않는 길로, 후미진 골목이나 아파트 단지 내부, 대로에서 꺾어 들어간 골목 등

⇒ 강한 콘텐츠 매력도나 홍보, 입소문 없이는 살아남기 어려운 곳

서울 강서구 마곡나루 인근 아파트 단지들의 가치는 크게 다르지 않다. 하지만 [그림 3-2]의 A와 C 상가는 생활동선이 잘 연결돼 있는 반면에 B 상가는 생활동선 연결성이 낮다. 이처럼 같은 상권이지만 상업용 부동산의 가치는 크게 달라진다.

같은 골목에서도 수익성 높은 자리와 그렇지 않은 자리가 구분된다. 그래서 상권분석은 맞춤형으로 이뤄져야 하며 이를 위해서는 다양한 케이스 스터디가 필요하다. 상업용 부동산은 주거용 부동산보

그림 3-2 　마곡나루 상권의 배후세대와 생활동선

다 가치 변동에 민감하므로 배후세대, 생활동선, 경쟁강도, 전면 가
시성, 주정차 공간 등 여러 요소를 종합적으로 고려해야 한다.

　상권분석은 결국 '사람을 이해하는 일'이다. 누가, 왜 이곳에 오
는지, 무엇을 소비하는지, 어떤 공간에서 관심을 가지는지 읽을
수 있어야 데이터의 함정에 빠지지 않고 돈이 되는 상가를 찾아낼
수 있다.

02 상권분석은 비교 평가다

요즘 북창동 상권 어떤가요?

건대입구역 상권에서 주점을 오픈하면 괜찮을까요?

망원동에서 베이커리 매장을 해보면 어떨까요?

내 강의 수강생들과 나에게 상권분석 컨설팅을 의뢰하는 사람들이 자주 하는 질문이다. 그런데 이런 질문에 단순히 답하기는 쉽지 않다. 그 이유로 첫 번째는 상권의 적합성은 아이템보다 매장 콘셉트와 운영 방식에 따라 크게 달라지기 때문이다. 두 번째는 하나의 상권을 제대로 평가하려면 반드시 비교할 수 있는 다른 상권이 필요하기 때문이다. 이번 단원에서는 콘텐츠 이야기는 잠시 미뤄두고 '왜 비교할 상권이 필요한지'에 대해 집중적으로 살펴보려 한다.

예를 들어 서울 마포구 망원동 상권에 베이커리 매장을 창업하는 것이 좋을지 판단하려면 어떻게 해야 할까? 주요 시설물 현황, 주변 베이커리와 카페의 월 매출액, 평일과 주말의 상권 특징 등을 꼼꼼히 조사하고 현장을 방문하면 충분할까? 틀린 접근은 아니지만 다른 상권과의 비교 평가 없이는 결국 감에 의존한 판단에 그치기 쉽다.

상권의 비교 평가는 1~3단계로 나눌 수 있으며 이어서 나오는 사례를 통해 구체적으로 살펴보겠다.

1단계 : 목표 상권 3곳 이상 정하기

- 비교하지 않으면 선택할 수 없음을 기억하기

- 너무 많은 목표 상권은 혼동을 줄 수 있으니 주의하기

2단계 : 내 기준에 맞는 최적 상권 찾기

- 콘텐츠와 결이 맞는가?

- 투자금이 충분한가?

3단계 : 목표 업데이트하기

- 콘텐츠 적합도가 낮거나 투자금 규모에 맞지 않는 상권 삭제하기

- 새로운 목표 상권을 목록에 올려 무한 비교 평가하기

상권분석을 할 때 하나의 상권만 바라보고 있으면 이곳이 돈 버는 상가인지, 망하는 상가인지 판단이 서지 않는다. 비교 평가할 상권은 적어도 3곳 이상 있어야 한다. 인천 연수구 송도에서 양식 다이닝 매장을 열고자 상권분석을 한다고 가정해보겠다.

——————— 1단계 | 목표 상권 3곳 이상 정하기
상권별 특징 정리하기

송도에서 양식 다이닝 매장을 운영한다면 소비력 있는 주거지가 밀집된 곳이거나 SNS 입소문 확산에 유리한 상권이 적합하다고 판단할 수 있다. 3개의 목표 상권을 선정한다면 [그림 3-3]에서 보듯이 송도 1, 2공구, 송도타임스페이스, 트리플스트리트를 꼽을 수 있다. 다음으로 각 상권은 어떤 특징을 가지고 있는지, 주요 시설물이 무엇이 있는지, 사람들의 소비가 집중되는 시간은 언제인지 등의 분석이 필요하다.

1. 송도 1, 2공구

송도에서 가장 오래된 상권이다. 학원이 200개 이상 밀집된 인천에서 가장 활성화된 학원가상권이다. 채드윅 송도국제학교가 위치한 지역으로, 인근 주민들의 소비력이 좋으며 약 1만 5,000세대

그림 3-3 송도의 목표 상권 3곳

수준의 배후세대를 가지고 있다. 외부 유입보다 인근 주민들과 학원가를 이용하는 학생과 학부모에 의한 매출 비중이 높은 곳이다.

2. 송도타임스페이스

인근 직장인들과 인천대학교 송도캠퍼스 학생들이 이용하는 상권으로, 점심보다 저녁 매출 비중이 높다는 특징이 있다. 1차로 이용할 수 있는 고깃집이 많고 건물 내 주정차가 편리해 주말에는 가족 단위 방문객 비중이 높다.

3. 트리플스트리트

'현대프리미엄아울렛' 송도점 측면에 위치한 상권으로, 쇼핑과 먹거리 콘텐츠가 밀집돼 있다. 주차비를 받지 않으며 지하철 테크노파크역과 지하보도로 연결돼 있어 접근성이 좋다. 아울러 '현대프리미엄아울렛' 송도점과 연계한 방문이 많아 현재 송도에서 콘텐츠 밀집도가 가장 높은 상권이라고 할 수 있다. 단점은 높은 관리비다. 관리비가 전용 평당 4만 원이 넘어 임차 조건이 높은 편이다.

───── 2단계 | 내 기준에 맞는 최적 상권 찾기

1. 차량 접근성이 양호한가?

양식 다이닝 매장은 먼 거리에서도 찾아올 수 있는 목적성이 높은 콘텐츠다. 따라서 주차가 얼마나 편리한지는 필수 기준이며 송도 주민들은 '자가용 없이는 생활이 힘들다'고 할 정도로 생활 밀착형 이동에서 차량 의존성이 크다. 즉, 콘텐츠와 지역 특징을 볼 때 주차 여부가 송도에서 양식 다이닝 매장을 찾는 데 주요한 기준이 된다.

3번 트리플스트리트는 차량 방문 시 전체 무료 주차 서비스를 제공하고, 2번 송도타임스페이스도 700대 이상이 주차할 수 있는 넉넉한 공간을 가지고 있으며 3시간 이상 주차 등록이 가능하기에 두 상권은 차량 접근성이 양호하다. 하지만 1번 송도 1, 2공구의 경우 곳곳에 공용 주차장과 노상 주차 공간이 있으나 상업 시설 밀집도가 높아 주차에 어려움이 많으며 대형 건물이 적어 자체 주차가 가능한 건물을 찾기 어렵다. 따라서 차량 접근성이라는 기준에서는 2번 송도타임스페이스와 3번 트리플스트리트가 1번 송도 1, 2공구보다 낫다고 정리할 수 있다.

2. 콘텐츠와 상권의 매출 피크 타임이 유사한가?

양식 다이닝 업종의 특성상 매출 볼륨을 최대한으로 올리기 위해서는 저녁 매출뿐 아니라 점심 매출도 40% 수준으로 발생돼야 한다. 즉, 점심과 저녁 모두 활성화되는 상권을 선택하는 것이 유리하다. 1번 송도 1, 2공구는 저녁 매출 비중이 다른 비교 상권 대비 낮으므로 목표 상권 3곳 중에서 3순위로 판단이 가능하다. [그림 3-4]는 2025년 3월 기준, 순서대로 목표 상권 3곳의 '오픈업'

그림 3-4 '오픈업'의 시간대별 결제 비중(송도 1, 2공구, 송도타임스페이스, 트리플스트리트)

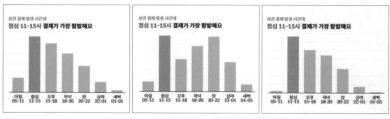

시간대별 결제 비중이다.

3. 투자금이 너무 많이 필요한 곳은 아닌가?

목표 상권 3곳 중 1층 상가의 권리금은 입지별로 차이는 있지만 '3번 트리플스트리트→2번 송도타임스페이스→1번 송도 1, 2 공구' 순이다. 실제 3번 트리플스트리트는 인근에 다국적기업, 연구 기관 등이 입주해 있어 고소득 직장인 비중이 높고 '현대프리미엄아울렛' 송도점과 동선이 연결돼 있어 데이트 목적 방문객의 접근성이 좋아 상권적으로 가장 좋은 요건을 가지고 있다. 그러나 3곳 중 권리금이 가장 높고 관리비도 평당 4만 원 수준으로 높아 50평 이상의 공간을 확보한다면 공용 관리비만 약 200만 원이 나와 높은 고정비가 들어가는 단점이 있다.

사람이 많은 곳도 좋지만 고정비를 줄여 수익성을 올리는 선택도 중요하기에 2번 송도타임스페이스에서 대안이 될 수 있는 상가를 찾는 것이 필요하다고 판단할 수 있다.

──────── **3단계 | 목표 상권 업데이트하기**

지역에 대한 분석을 할 때는 더하기 빼기를 잘해야 한다. 상권끼리 비교 평가했을 때 부적합하다고 판단되는 상권은 검토 대상에서 빼기를 한다. 그리고 추가로 비교 평가할 수 있는 상권이 있다면 검토 대상으로 더하기를 한다. 이렇게 더하기 빼기를 반복하다 보면 가장 우선되는 상권이 어디인지 결론을 내릴 수 있다.

양식 다이닝 매장의 경우 뷰가 좋은 공간도 좋은 선택이 될 수 있으므로 1, 2단계를 거쳐 1번 송도 1, 2공구를 제외했다면 송도 센트럴파크를 조망할 수 있는 건물에 투자금 규모에 맞는 공간은 없는지 목표 상권 업데이트를 할 수 있다. 이처럼 지속적인 추가 탐색을 멈추지 말아야 한다.

'송도학원가에서 양식 다이닝 매장을 하면 어떨까?'라는 질문에 대한 답을 찾기는 어렵다. 하지만 이렇게 목표 상권 3곳의 각 특징을 정리하고 비교 평가를 하면 어떤 상권이 본인 매장에 적합할지 결론을 내리기 한층 쉬워진다.

아이러니한 것은 경험이 없는 초보자들이 비교 평가 과정을 생략한다는 것이다. 애초에 다른 상권과 비교하지 않았기 때문에 검토 중인 상가가 좋은 조건인지 아닌지 감이 오지 않는다. 이런 경우 대체로 주변 지인들의 이야기와 공인중개사 의견에 의존하거나 본인의 감에 의한 결정을 내리게 된다.

상권분석은 이상형 월드컵이다

'요즘 북창동 상권 어떤가요?'라는 질문에 대한 답을 찾기 위해서는 북창동 상권과 비교 평가할 수 있는 시청, 광화문, 종각, 경복궁역, 안국역 상권을 동시에 분석해야 한다. '건대입구역 상권에서 주점을 오픈하면 괜찮을까요?'라는 질문에 대한 답을 찾기 위해서는 건대입구역 상권에 대한 분석뿐 아니라 인근에 야간 소비가 이뤄지는 뚝섬, 성수, 구의, 군자 상권에 대한 비교 평가가 필요하다. '망원동에서 베이커리 매장을 해보면 어떨까요?'라는 질문에 대한 답을 찾는 방법도 마찬가지다. 거리가 멀지 않고 20대 소비가 많은 합정, 상수, 홍대 상권에 대한 비교 평가가 필요하다. 비교하지 않으면 선택할 수 없다.

휴대전화를 구매하는 상황을 상상해보자. '아이폰'을 살지 말지, 하나의 상품만 가지고 고민하면 결정하기 쉽지 않다. 하지만 비교 대상이 될 수 있는 '갤럭시'와 같이 놓고 보면 본인에게 더 적합한 상품이 어느 것인지 결정하기가 보다 쉬워진다.

비교 평가는 '이상형 월드컵'과 같다. 남자 연예인 중 가장 잘생긴 사람을 한번에 떠올리기는 어렵다. 하지만 1 대 1 비교를 통해 토너먼트 과정을 거치면 최종적으로 본인이 보기에 가장 잘생겼다고 생각하는 남자 연예인을 선택할 수 있다. 상권분석도 같은 원리다. 상권분석은 비교 평가다. 상권에 대한 이상형 월드컵 토너먼트를 거쳐야 한다.

- 상권도 비교 평가를 해야 한다!

  ⇒ 어떤 상권이 창업 장소/투자처로 가장 적합한가?

- 입지도 비교 평가를 해야 한다!

  ⇒ 목표 상권 중 내 매장과 가장 결이 맞는 상권의 입지는 어디인가?

- 공인중개사도 비교 평가를 해야 한다!

  ⇒ 어떤 공인중개사와 가장 소통이 잘 되는가?

- 프랜차이즈 브랜드도 비교 평가를 해야 한다!

  ⇒ 어떤 브랜드가 수익성이 오래 유지될 수 있는가?

상권 = 지역
입지 = 상가의 위치

상권은 지역이고 입지는 상가의 위치다. 그래서 상권보다 입지가 훨씬 중요하다. 우리가 최종적으로 해야 하는 것은 어디에 있는 상가를 계약하는가다. 즉, 입지에 대한 이야기다. 그래서 좋은 '상권'이 어디인지 추천해달라는 질문에는 대답을 하기 어렵다.

우리나라에서 가장 좋은 상권을 꼽으라면 나는 강남이라고 말할 것이다. 그렇다면 강남은 창업이나 투자에 있어 무조건 좋은 선택일까? 그렇지 않다. 강남의 '어디'인지가 더 중요하다. 상가의 위치가 인근 오피스나 주거 배후세대의 생활동선에서 벗어나 있다면 아무리 강남이어도 공실률이 올라가고 임차인의 사업 수익도 좋을 수 없다.

03 상권분석은 생각 정리다

상업용 부동산은 개별성이 강하기 때문에 일정한 공식이 만들어질 수 없다. 이 책에서 내가 여러 지도와 사례를 통해 상권분석 방법과 인사이트를 설명했듯이 상권분석의 핵심은 케이스 스터디를 통한 생각 정리다.

─── 기술 분석에 집착하지 말라

내가 프랜차이즈 브랜드 회사에서 근무할 때 예상 매출액을 분석하기 위해 사용하던 몇 가지 공식이 있다. 그중 하나가 아파트 세대당 매출 산정법으로, 예를 들어 편의점 기준 1세대당 매출액을 1,700~2,500원 수준으로 계산하는 것이다. 그런데 이런 공식이 모든 아파트 단지에 똑같이 적용될 수 있을까? 어떤 곳은 이 공식이 정확하게 맞아떨어지지만 또 어떤 곳은 큰 오차가 발생하기도 한다. 이것이 상권분석에서 공식을 찾기보다 다양한 사례를 통한 케이스 스터디가 중요한 이유다.

아파트 세대당 산정법이 정확성을 잃는 원인은 여러 가지다. 아파트 단지의 특성(평형, 연령대, 소비 수준 등), 거주민의 일상적 동선, 경쟁강도(편의점, 슈퍼마켓, 무인 아이스크림 전문점 등) 같은 요인들은 각기 다른 영향을 미친다. 점포 개발 담당자가 주관적으로 유입 가능한 상권 범위를 파악하고 인근 편의점의 매출 추이를 참조하는 방법이 오히려 더 정확한 경우도 많다.

상권분석은 데이터를 통한 공식만으로는 부족하다. 주관적인 관점이 추가돼야 정확도가 더욱 올라간다. 나는 경희대학교 서울 캠퍼스 기숙사 1층에 편의점 개점을 담당한 적이 있다. 이미 이곳과 유사한 기숙사 건물에서 운영 중인 편의점이 있어 그 유사점을 기준 삼아 예상 매출액을 분석했다. 다음 표는 그 자료 중 일부다.

여기서 중요한 건 객관적 데이터와 더불어 주관적 판단이 추가돼야 한다는 점이다. 기숙사 건물에 위치한 편의점은 기숙사에 머무는 학생이 많을수록 매출이 높아지는 경향이 있지만 건물이 개방된 구조라서 외부 유입이 가능한지, 외부 유입이 어려운 폐쇄형 구조인지에 따라 예상 매출액이 크게 달라진다. 그래서 객관적인 데이터와 함께 추가로 주관적인 판단인 '외부 매출 발생 요인'도

예상 매출액 정리 자료 예시

	구분	A 매장	B 매장	C 매장
객관적 데이터	시설물 규모	지하 4층~지상 7층 2개 동	지하 2층~지상 12층 1개 동	지하 2층~지상 10층 2개 동
		상주 인구 924명	상주 인구 952명	상주 인구 2,400명
	미취급 상품	담배, 주류	주류	주류
	면적	52평	27평	30평
	일 매출액 — 객수	763명	1,591명	1,430명
	일 매출액 — 객단가	3,122원	2,891원	2,985원
	일 매출액 — 매출액	238만 2,000원	460만 원	426만 9,000원
주관적 판단	외부 매출 발생 요인	- 외부 강의동 학생 - 동문 이용 학생	- 후문 이용 학생	- 외부 강의동 학생 - 운동장 이용객
	예상 외부 매출 구성비	41%	73%	22%

고려해야 한다. 또한 표의 주관적 판단 부분 중 '예상 외부 매출 구성비'는 내가 주관적인 판단으로 내린 비율이다. 이 숫자는 조사자의 느낌이자 감각, 종합적인 통찰력에서 나오는 예상치다.

─── 숫자는 숫자일 뿐, 상권분석의 진짜 무기는 인사이트다

몇 번의 클릭만으로 배후세대, 유동인구, 매출 추정치

같은 데이터를 얻을 수 있는 시대다. 그럼에도 불구하고 자영업 폐업률과 상가 투자 실패담은 끊이지 않는다. 왜일까? 데이터만으로는 사람들이 어디서 왜 소비하는지 상권의 실체를 모두 담아낼 수 없기 때문이다. 상권분석의 진짜 힘은 데이터를 해석하는 통찰력에 있다.

상권분석에 기술적으로 다가가려 하면 함정에 빠지기 쉽다. 여기서 의미하는 기술적 분석은 다음과 같다. 기술적 분석은 지역이 바뀌면 오류가 발생한다.

- 아파트 단지 2,000세대면 00개의 상가가 적합하다
- 상가 전면을 지나가는 유동인구 기준 00% 정도가 매장을 방문한다
- 반경 1km에 어느 정도의 배후세대가 있어야 스타벅스 개점이 가능할까?

최근 많은 사람이 이런 데이터적인 분석에 집착하는 이유는 빅데이터를 통한 상권분석이 가능해졌기 때문이라고 생각한다. 매장의 일 매출액, 월 매출액, 시간대별 결제 비중을 확인할 수 있으니 그 숫자가 가지고 있는 의미를 찾으려 노력한다. 하지만 숫자는 숫자일 뿐, 이것 자체를 해석하려 하는 순간 상권분석은 엉망이 돼버릴 수 있다. 또한 실제 그 숫자의 정확도는 100%가 아니다. 매장을 운영 중인 사람이라면 어떤 의미인지 알 것이다. 전체적인 추세는 맞으나 숫자 자체가 틀리는 경우도 있다.

상권분석은 숫자가 아닌 통찰력이 중요하다. 상권분석에는 정답이 없다. 다양한 사례를 참고해 데이터의 부족함을 채워야 한다. 이런 이유 때문에 상권분석은 데이터 처리 능력보다 상권과 콘텐츠에 대한 이해와 경험이 더 중요하다.

돈 되는 통찰력을 가지기 위해서는 책이나 강의를 통해 얻는 정보로는 부족하다. 아무리 많은 책을 보고 좋은 강의를 많이 들어도 현장 경험을 하지 않으면 상권분석 레벨이 쉽게 상승하지 않는다. 현장에서 상권을 보는 경험을 멈추지 말아야 한다. 상가 투자자들은 부동산 임장에 익숙하나 예비 창업자들은 창업할 상가를 찾는 시기에 국한해 상권분석을 하기 때문에 부동산 임장을 어려워하는 경향이 있다.

빅데이터 상권분석으로 데이터를 정리하고 정리된 데이터를 가지고 발품 팔기를 반복해야 본인이 알고 있는 성공과 실패의 사례가 늘어난다. 그리고 이 모든 것은 결국 돈이 되는 인사이트로 바뀐다.

이 책에서 소개한 손품과 발품의 기술을 비롯해 챕터 3에서 말하는 상권을 구조화하는 내용만 제대로 익힌다면 상권분석에 대한 경험이 없거나 적은 초보자도 체계적으로 분석할 수 있을 것이다. 책 내용과 관련된 궁금증이 있을 때는 내가 운영하는 '부자창업스쿨'의 문을 언제든 두드려줬으면 한다. 2025년부터는 정규 과

정뿐 아니라 상권 임장 과정으로 서울 상권을 돌아보는 프로젝트

를 진행하려고 한다.

상가 임대차 정보를 얻기 위해서는 해당 지역 부동산 공인중개사 사무소를 꼭 방문해야 한다. 네이버에서 검색되는 정보로도 임대차 시세를 대략적으로 확인할 수 있으나, 문제는 90% 이상의 매물 정보에는 권리금이 포함되지 않기 때문에 지역 공인중개사를 통한 정보 수집이 필요하다. 여기서 중요한 것은 공인중개사와의 대화법이다. 다음 2가지 예시의 차이를 느껴보길 바란다. 여러분이 공인중개사라면 어느 고객에게 정보를 주겠는가?

정보를 얻기 위해 찾아온 고객 A

베스킨라빈스가 입점한 상가의 임차 조건이 궁금해요.

⇒ 정보를 얻을 수 없는 대화법

진짜 매물을 보고자 찾아온 고객 B

제가 김밥 가게를 하려고 하는데, 이 정도 입지면 임차 조건이 어떻게 될까요?

⇒ 정보를 얻을 수 있는 대화법

공인중개사는 지역에 대한 정보만 얻으러 방문하는 사람을 그리 좋아하지 않는다. 정보만 얻고 거래를 하지 않는다면 공인중개사 입장에서는 헛일을 하는 것이므로 공부하러 온 티를 내면 문전 박대를 당할 수도 있다.

04 작게 나누는 것의 힘

다음 그림을 살펴보자. ❶번은 나누지 않고 전체를 그대로 보는 것이고 ❷번은 가로 가운데에 선을 그어 2개로 나눈 상태다. 단순히 선 하나만 그었을 뿐인데, ❷번은 위와 아래 부분이 구별돼 집중도가 달라진다. 여기서 세로 가운데에 선을 하나 더 그으면 시각적인 집중도는 4곳으로 구분된다. 이처럼 간단한 예시를 통해 보더라도 공간과 지역은 영역을 나눠주는 것만으로도 각 영역에 대한 집중도가 달라진다.

작게 나누기

이것을 텍스트로 바꿔도 동일한 결론을 얻을 수 있다. 다음은 내가 점포개발팀 관리와 교육에 필요한 업무를 정리한 내용이다. 왼쪽은 정보를 나열했고 오른쪽은 마인드맵 형태로 정보를 구조화했다. 만약 당신이 점포개발팀 업무에 대한 배경지식이 하나도 없다고 가정했을 때 두 형태 중 어느 것이 정보를 파악하기 더 쉬운가? 정보를 구분해 구조화한 것이 현상을 이해하기 훨씬 쉽다.

이해를 돕기 위해 예시를 하나 더 들어보겠다. 우리나라에서 가

대한민국에서 가장 맛있는 식당은?

|

서울에서 가장 맛있는 식당은?

|

강남에서 가장 맛있는 식당은?

|

강남에서 가장 맛있는 중식당은?

|

강남에서 짬뽕이 가장 맛있는 중식당은?

↓

생각의 범주를 작게 나눌수록 비교 평가가 쉬워진다!

대한민국 → 서울 → 강남 → ?

식당 → 중식당 → 짬뽕

장 맛있는 식당을 떠올리라고 하면 바로 생각이 나는가? 딱 떠오르는 식당을 찾기 어려울 것이다. 이유는 대한민국이라는 곳의 범위가 너무 넓어 하나의 식당으로 한 번에 줄히기 어렵기 때문이다. 그런데 위처럼 생각의 범주를 작게 나누면 어떨까? 범주를 작게 나누면 나눌수록 비교 평가와 생각 정리가 쉬워진다.

지도에서 상권을 구조화하는 방법

모든 정보는 작게 나누는 것만으로도 구조화가 가능하다. 그리고 이것은 상권에도 똑같이 적용할 수 있다. 구조화된 정보

그림 3-5 발산·마곡 상권의 A와 B 상가

와의 비교를 위해 먼저 상권을 나누지 않은 채 전체로 살펴보겠다.

서울 강서구 마곡지구에 위치한 A와 B 상가를 비교 평가하려고 한다. [그림 3-5]처럼 상권을 나누지 않고 전체로 보면 분석과 판단이 쉽지 않다. 특히 해당 지역을 한 번도 가보지 않은 사람이라면 무엇을 봐야 할지 감이 더 오지 않을 것이다.

상권 = 지역 ⇒ 발산·마곡 상권

입지 = 상가의 위치 ⇒ A 상가, B 상가

그림 3-6 발산·마곡 상권의 구분

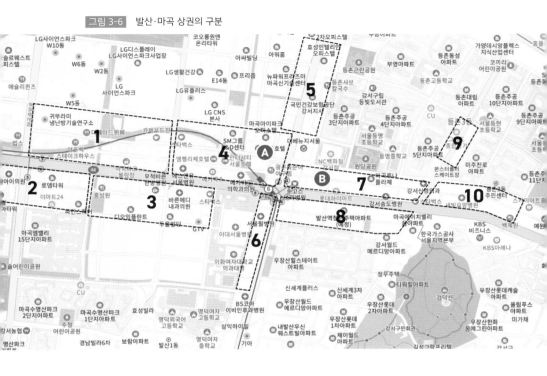

A와 B 상가 모두 발산·마곡 상권에 위치해 있다. 그렇다면 2곳의 특징이 같다고 할 수 있을까? 입지가 다르기 때문에 2곳은 특징도 서로 다르다. 제대로 된 상권분석을 하기 위해서는 상권을 작게 나눠야 한다. 작게 나누는 순간, 비교 평가와 상가에 대한 생각 정리가 쉬워진다.

상권을 작게 나누지 않으면 발산 지역과 마곡 지역 전체를 파악해야 A와 B 상가의 비교 평가가 가능하다. 하지만 [그림 3-6]처럼 여러 개의 작은 상권으로 구분하면 A와 B 상가가 속해 있는 4번 소상권과 7번 소상권의 특징만 중점적으로 분석하면 된다. 흥미롭지

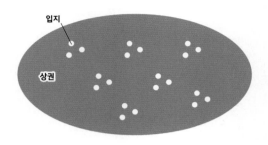

상권과 입지의 표현

않는가? 상권을 나눠주는 것만으로 분석이 몇 배는 쉬워졌다.

지금까지 설명한 내용을 간단한 이미지로 설명해보겠다. 이것만 제대로 이해해도 새로운 관점으로 상권분석에 접근할 수 있다. 상권과 입지를 시각적으로 간단히 표현하면 '상권=면'이고 '입지=점'이다.

상권보다 입지가 중요하다. 문제는 사람들은 입지를 보지 않고 상권을 기준으로 상가의 가치를 평가하는 실수를 한다.

그래도 강남인데, 사람들이 알아서 찾아오겠지. 조금 안쪽에 있어도 괜찮을 거야.

임차료가 저렴하니까 손익분기점 맞추기가 쉬울 거야. 메인 골목까지는 필요 없겠지.

다른 가게들과 조금 떨어져 있어도 상권 자체가 핫하니까 문제없을 거야.

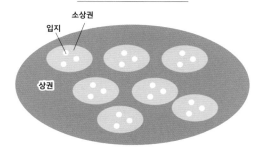

상권·소상권·입지의 표현

일반적으로 사람들이 상권분석을 할 때 가령 서울의 강남, 성수, 한남동, 홍대 같은 지역 단위로 접근하는 이유는 상권과 입지가 정확히 무엇을 의미하는지 잘 모르기 때문이다. 또한 상업용 부동산은 골목 하나 차이로도 그 가치가 완전히 달라질 수 있는데, 사람들은 부동산의 이 같은 민감성에 대해 이해하지 못하고 있다. 이런 오류를 최소화하기 위해서는 상권을 소상권으로 분할해 분석할 필요가 있다. 상권을 나누면 소상권이 되고 소상권 내에 입지가 있다.

상권을 소상권으로 구조화하는 것만으로도 [그림 3-7]의 서울 영등포구 여의도 상권에서 A와 B 상가의 차이점을 정리하기 쉬워진다. [그림 3-7]의 왼쪽 지도처럼 소상권으로 구분하지 않고 A와 B 상가를 비교 평가하려면 상권 범위를 어디까지 해야 할지 파악이 힘들다. 하지만 오른쪽 지도처럼 상권을 소상권으로 구분하면 A와 B 상가가 속해 있는 2번과 4번 소상권에 대한 분석만으로도 두 상가의 비교 평가를 훨씬 구조적으로 할 수 있다. 넓은 범위의

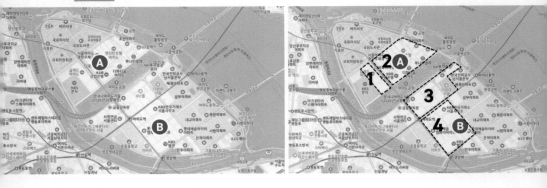

그림 3-7 여의도 상권의 구분

상권이 아니라 그보다 작은 영역인 소상권에 대한 분석에 집중할
수 있기 때문이다.

　이처럼 지도를 구조화해 상권을 입지적인 관점으로 정리하면
추상적인 정보가 구체적으로 바뀐다.

상권의 구조화

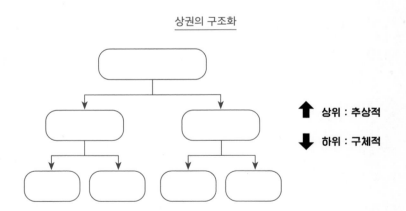

↑ 상위 : 추상적

↓ 하위 : 구체적

소상권 나누기는 비슷한 소비 형태나 유사한 특징을 가지고 있는 지역을 묶어주는 것이다. 다음의 예시를 통해 살펴보자.

주거상권의 소상권 나누기

주거상권은 오피스나 유흥 상권만큼 콘텐츠 다양성이 크지 않아 작은 크기로 나눠도 소상권마다 큰 차이가 나지 않는 경우가 많다. 그래서 아래 지도의 1, 2번 소상권처럼 영역을 넓게 지정해도 된다. 다만 다세대주택과 아파트는 다른 영역으로 나눠주는 것이 좋다. 왜냐하면 그렇게 해야 빅데이터 상권분석 시 단지 내 상가와 그 외 다른 상가의 구분이 가능하기 때문이다.

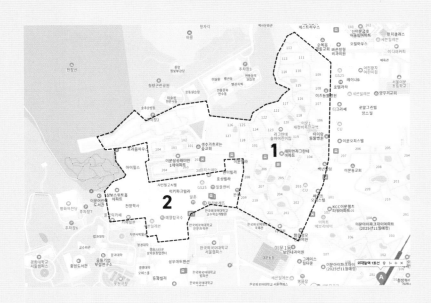

오피스상권의 소상권 나누기

오피스상권에서는 오피스상권(1번 영역)과 소비상권(2번 영역)을 구분 가능한 소상권으로 나누기를 한다. 오피스가 밀집된 소상권에서는 직장인구 규모가 중요하고 소비상권에서는 매출 볼륨과 시간대별 결제 비중 파악이 중요하다.

소비상권의 소상권 나누기

소비상권은 쇼핑, 유흥, 먹자 상권을 말한다. 소비상권에서는 콘텐츠 밀집도가 높아 각 소상권별 차이가 크므로 작은 크기로 나누는 것이 좋다. 특수 상권(백화점, 대형 마트 등)이 있는 경우에는 다른 소상권과 구분해야 하는데, 빅데이터 상권분석 시 백화점과 대형 마트 같은 시설물이 다른 소상권과 함께 묶여 있다면 매출 정보가 왜곡돼 상권분석에 혼동을 줄 수 있기 때문이다.

예식홀의 경우 주말에 신용카드 결제가 집중돼 소상권에 이런 시설물이 포함되면 실제 상권이 가지고 있는 주말 소비력을 과대평가할 수 있다. 백화점과 대형 마트의 경우에도 단일 시설물의 매출 볼륨이 크기 때문에 소비상권의 소상권 나누기에서 이런 대형 시설물들은 구분해서 봐야 한다. 다음은 경기 수원시 인계동 상권을 소상권으로 나눈 예시다.

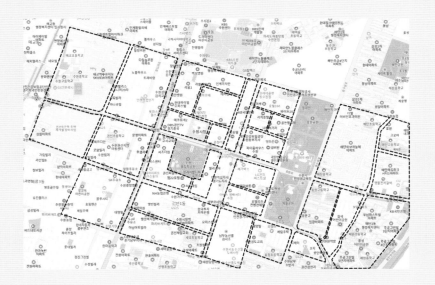

05 왜 소상권을 알아야 할까?

상업용 부동산은 주거용 부동산보다 개별성이 강해 같은 상권이라도 상가의 위치에 따라 전혀 다른 성격을 가진다. 이런 이유로 상권보다 입지를 잘 보는 것이 더 중요하다. 하지만 사람들은 상가의 위치(입지)를 봐야 하는데 지역(상권)을 보고, 입지를 봐야 한다고 하면 배후세대나 생활동선을 살피지 않고 평단가, 건물 외관, 인근 임대차 시세 등 너무 세세한 부분을 보는 실수를 저지른다. 이런 실수를 방지하기 위한 가장 좋은 방법이 소상권 나누기다.

상권은 너무 넓어서 추상적이고 입지는 구체적이지만 자칫 잘못하면 배후세대와 생활동선의 고려 없이 눈에 보이는 것(건물 외관, 유동인구, 매매가나 권리금 같은 가격적인 요소)만 가지고 분석하게 된다. 여기서 소상권의 개념을 생각하면 추상적이던 상권분석의 구체적인

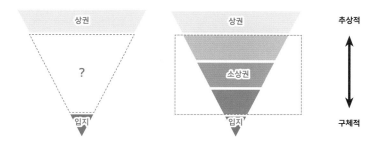

상권·소상권·입지의 구조

인사이트를 정리하기 쉬워진다.

　사람들이 상권분석을 어려워하고 강의나 책을 봐도 감을 잡지 못하는 이유는 상권과 입지 사이에 존재하는 소상권의 개념을 생각하지 못하기 때문이다. 소상권은 상권에서 입지 분석으로 이어지는 사고의 과정을 이어주는 중간 다리 역할을 한다.

소상권 나누기로 얻을 수 있는 인사이트

　　　　지도를 구조화하는 소상권 나누기를 잘 활용하면 상권과 입지에 대한 비교 평가가 보다 쉬워지는데, 여기에는 3가지 이유가 있다.

1. 빅데이터 상권분석 정밀도가 500% 상승한다

빅데이터 상권분석은 자칫 잘못하면 의미 없는 숫자 나열에 그치고 만다. 이유는 상권을 분석할 때 너무 넓은 범위를 기준으로 데이터를 뽑아내는 경우가 많기 때문이다. [그림 3-8]처럼 행정동이나 법정동을 기준으로 상권분석 데이터를 정리하고 분석하는 것은 의미가 없다. 덩어리 데이터기 때문이다.

상권분석을 하는 목적은 결국 A와 B 두 상가가 있다면 둘 중 어느 것을 선택해야 하는가다. 하지만 가령 서울의 서교동, 동교동, 연남동의 전체 매출액, 개점과 폐점 매장 수 같은 숫자는 본인이 어떤 선택을 해야 하는지 가이드를 제공해주지 못한다.

이런 덩어리 데이터에 생명력을 불어넣기 위해서는 소상권 나누기가 전제돼야 한다. 범위가 넓은 지역의 매출액, 배후세대, 연령대별 소비 데이터에서는 의미를 찾기 어렵지만 작게 나눠놓은 소상권 데이터에서는 유의미한 분석이 가능하다.

그림 3-8 법정경계 구분 예시

상권분석은 손품(빅데이터 상권분석)과 발품(임장)의 조합이다. 따라서 소상권 나누기도 손품을 할 때 1차적으로 나누고 발품을 다녀오고 나서 2차적으로 다시 나누기를 할 수 있다. 이 과정을 반복하다 보면 상권 흐름 파악의 정확도가 올라간다. 손품을 할 때 나눠놓은 소상권과 여러 번의 임장 이후 다시 나눈 소상권에는 분명한 차이가 생긴다.

빅데이터 상권분석 사이트를 지금까지의 방식대로 이용하기 전에 먼저 조사하고자 하는 상권을 소상권으로 나누기를 해보자. 그리고 나서 소상권에 대한 데이터를 보면 구체적인 인사이트로 전환될 것이다.

2. 기술적 분석이 아니라 인사이트 분석이 가능해진다

상권분석이 어려운 이유는 본인의 감에 의존하기 때문이다. 상권분석은 생각 정리다. 생각 정리를 하기 위해서는 주관적인 직감에 의존하지 않고 객관적인 데이터와 비교 평가가 필요하다. 소상권 나누기 없이 상권에 대한 생각 정리를 하는 것은 난도가 높을 수밖에 없다. 왜냐하면 상가가 가지고 있는 독특한 특징 때문이다. 상가는 개별성이 강하다. 그리고 어떤 콘텐츠를 운영할 것인지, 투자금 규모에 따라 최종 선택지가 달라진다.

상권은 골목 하나 차이로 상가의 가치가 달라질 정도로 민감하다. 주거용 부동산 기준에서 볼 때는 상상할 수 없는 일이다. 그래서 주거용 부동산은 어느 정도의 표준화가 가능하지만 상업용 부동산은 개별성이 강해 표준화가 어렵다고 말하는 것이다.

상권에 대한 전체적인 분석은 입지와는 연관성이 없을 수 있다. 그리고 상가 위치만을 기준으로 판단하려고 하면 지역의 흐름(배후세대, 생활동선, 경쟁강도)을 놓치기 쉽다. 여기서 소상권 개념을 활용하면 상권과 상권 간 비교 평가, 입지와 입지 간 비교 평가가 수월해진다.

- 점심 매출 비중이 높은 소상권은 어디인가?
- 저녁 시간대 소비가 가장 많이 발생하는 곳은 어디인가?
- 1, 2, 3번 중 절대 유동인구가 많은 곳은 어디며 그 이유는 무엇인가?

[그림 3-9]처럼 서울 지하철 강남역 1번 출구의 상권을 3개의 소상권으로 나눠보자. 1번 소상권이 직장인 밀집도가 가장 높다. 이유는 테헤란로, 강남대로와의 접면을 가지고 있어 대로변을 중심으로 대형 오피스 건물들이 밀집돼 있기 때문이다. 하지만 2, 3번은 강남대로만 접하고 있어 절대적인 오피스 배후세대 규모가 1번보다 적을 수밖에 없다. 또한 2번은 1번 소상권에서 유입되는 직장인구와 2번 소상권에 위치한 학원들로 인한 점심 매출 비중이 높다. 반면에 3번 소상권은 점심보다 저녁 시간대에 사람들의 소비가 집중된다.

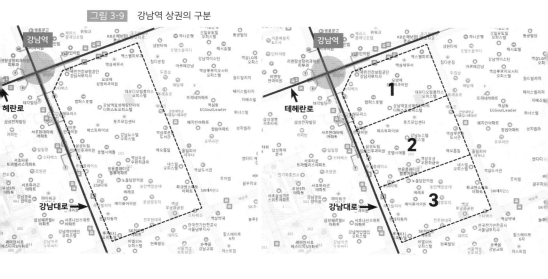

그림 3-9　강남역 상권의 구분

　　손품을 통한 데이터 확인이나 현장 임장을 하면 이런 정리는 충분히 할 수 있다. 하지만 소상권을 나누지 않고 전체를 바라보면 세밀한 정리를 할 수 없다. 상권은 나누는 것만으로도 구조화되고 구조화되면 그곳에 대한 본인의 생각을 정리하기 한결 수월해진다. 소상권 나누기만으로도 상권분석의 시작점이 달라진다.

3. 상권에 대한 좋은 질문 만들기가 가능하다

　　상권분석 강의에서 사람들이 가장 많이 하는 질문 중 하나는 '발품 나가서 어떤 것을 봐야 하나요?'다. 간단하다. 좋은 발품은 임장을 가기 전 '현장에서 확인해야 할 것'을 미리 정리하고 시작하는 것이다.

　　손품 없이 임장을 하는 것과 여러 질문거리를 가지고 임장을 하는 것에는 큰 차이가 있다. 아무런 배경 조사 없이 무작정 발품을 나가는 것을 '분위기 임장'이라고 하는데, 물론 이렇게라도 현장 모습을 관찰하는 것은 좋은 습관이다. 하지만 절대적인 발품 시간을 확보하기 어려운 경우 분위기 임장을 나갈 것이 아니라 발품 나가서 무엇을 확인할지, 추가로 후보 상권이 될 수 있는 곳은 어디인지 한 번에 파악하는 것이 필요하다. 그러기 위해서는 지역에 대한 기본적인 정리가 필요하다. 이 정리를 위한 가장 효과적인 방법이 소상권 나누기다.

❶ 상권을 여러 개의 소상권으로 나누기
❷ 빅데이터 분석 도구(오픈업, 엑스레이맵, 나이스비즈맵, 마이프차, 소상공인365 등)를 활용해 소상권에 대한 데이터 확인하기
❸ 소상권에 대해 궁금하거나 확인하고 싶은 내용 정리하기
  예) 여기는 주말에도 매출이 높던데, 이유가 뭘까?
  예) 직장인 비중이 높던데, 밀집도가 가장 높은 오피스 건물은 어딜까?
  예) 이 오피스 건물에서 근무하는 사람들은 점심 식사를 하기 위해 어디까지 이동할까?
  예) 4050 비중이 높던데, 혹시 젊은 층 수요가 없는 곳은 아닐까?
  예) 야간 매출 비중이 거의 없던데, 실제 모습을 직접 확인해야겠다.

나는 '배민아카데미'에서도 상권 임장 강의를 주기적으로 진행

그림 3-10 신당동 상권(왼쪽)과 용산 상권(오른쪽)의 구분

하고 있다. 2024년에는 서울의 오목교, 공덕동, 신당동, 용산 상권을 다녀왔는데 이 강의에서도 임장 전 사전 준비의 중요성을 강조했다. 신당동 상권은 7개의 소상권으로 상권을 구조화했고, 용산 상권은 7개의 소상권으로 나눈 후 각각의 데이터를 정리해 무엇을 중점적으로 임장할 것인지 결정한 이후 현장으로 나갔다.

상권분석은 'Why?'에 대한 답을 찾는 과정이다. 현장에서 무엇을 살펴봐야 할지 임장의 목적을 생각하고 좋은 질문을 준비하는 것만으로도 얻을 수 있는 결과물이 달라진다. 인터넷 검색으로도 알 수 있는 정보를 굳이 현장에 가서 시간을 써가며 확인하는 것은 비효율적인 상권분석 방식이다. 임장을 가서는 현장에서만 알 수 있는 정보를 확인하는 것이 중요하고, 그러기 위해서는 [그림 3-10]처럼 소상권으로 구조화하는 작업이 필수다.

Chapter

돈 버는 상가, 망하는 상가를 찾는 실전 노하우

: 전문가의 프로세스 그대로 따라 하기

01 왕초보도 중수 이상 될 수 있는 상권분석 다섯 단계

챕터 4에서는 내가 실제로 실천하는 상권분석 프로세스를 정리했다. 챕터 1~3에서 소개한 내용들을 실전에서 어떻게 활용하는지 단계별로 소개했다. 1~5단계 프로세스를 그대로 따라 하다 보면 무엇부터 시작해야 할지 갈피를 잡을 수 없었던 상권분석 순서와 방법이 정리될 것이다. 여러 번 반복하면서 인사이트를 얻어가길 바란다.

1단계 | 주요 시설물 확인하기

상권분석의 시작은 조사하고자 하는 지역의 방문 목적이 되는 장소, 즉 주요 시설물을 확인하는 것이다. 주요 시설물이 될 수 있는 곳은 크게 10가지로 나눌 수 있다.

❶ 지하철   ❻ 영화관, 공연장

❷ 중앙 버스 정류장   ❼ 대형 병원(300 병상 이상)

❸ 백화점   ❽ 대학교

❹ 대형 마트(이마트, 롯데마트 등)   ❾ 관공서(구청, 시청, 세무서, 경찰서 등)

❺ 로데오거리(먹자골목)   ❿ 전통시장

상권분석을 시작할 때 가장 먼저 해당 상권에 어떤 주요 시설물이 있는지 확인하는 것만으로도 특징을 정리하기 수월해진다. 위의 주요 시설물을 꼭 기억하길 바란다.

[그림 4-1]의 첫 번째 지도는 경기 부천시 원미구(상동역, 부천시청역, 신중동역 인근), 두 번째 지도는 서울 서초구(서초역과 교대역 인근), 세 번째 지도는 서울 송파구(잠실새내역과 잠실역 인근)의 각각 주요 시설물들이다.

만약 한 번도 가보지 않은 지역이라 해당 상권에 어떤 주요 시설물이 있는지 확인하기 어렵다면 지역에 대한 이해도를 키울 수 있는 2가지 방법이 있다.

첫 번째는 '나무위키'를 활용하는 방법이다. 특히 조사하고자 하는 상권에 지하철역이 있다면 '나무위키'를 활용하면 유용하다. 예를 들어 '부천시청역'을 '나무위키'에 검색한 후 '역 주변 정보'

그림 4-1   주요 시설물 예시

를 클릭하면 지역 정보를 빠르게 살펴볼 수 있다. 완벽히 정리되는 것은 아니지만 모르는 지역에 대한 이해도를 높이는 데는 유용하다.

두 번째는 '퍼플렉시티'를 활용하는 방법이다. 무료와 유료 버전으로 나뉘며 인터넷에 있는 정보를 빠르게 정리해줘 조사하고자 하는 지역의 주요 시설물에 대한 정리를 수월하게 할 수 있다. 또한 '퍼플렉시티'는 질문과 대답에 관련된 추가 질문을 자동으로 계속해서 생성해주는 것이 특징이다. 관련 질문을 통해 구체적인 지역 정보를 찾는 데 큰 도움을 받을 수 있으니 정보 탐색 용도로 활용하길 추천한다. 나는 다음같이 간단한 방법으로 활용하고 있다.

❶ '퍼플렉시티' 사이트(www.perplexity.ai)에 접속해 '○○ 인근에 아래 시설물이 뭐가 있는지 정리해줘'라는 질문과 주요 시설물 종류를 함께 입력한다.

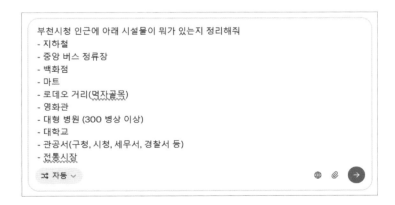

❷ 해당 지역의 각 시설물이 정리되며 아래 네모 속 내용처럼 자동으로 생성되는 질문들을 통해 자세한 정보도 확인할 수 있다.

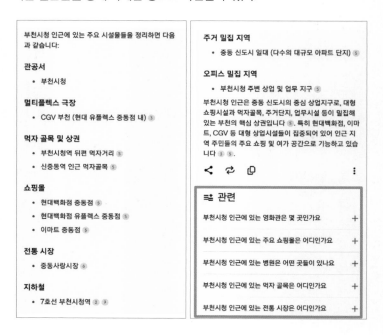

2단계 | 배후세대 확인하기

1단계에서 상권 내 어떤 주요 시설물이 있는지 정리했다면 2단계는 배후세대 규모를 확인하는 것이다. 배후세대는 주거 배후세대, 오피스 배후세대, 외부 배후세대로 나눌 수 있다.

주거와 오피스 배후세대 규모는 '엑스레이맵'을 활용하면 쉽게 알 수 있는데, 이때 중요한 것은 해당 상권을 반경 500m, 1km 같은 기준으로 살펴보는 것이 아니라 전체 상권을 여러 개의 소상권으로 나누고 그 소상권에 대한 배후세대 규모를 확인하는 것이다. 소상권에 대한 정보를 뽑아내야 상권과 입지에 대한 비교 평가가 명확해진다.

[그림 4-2]의 첫 번째 지도는 내가 '엑스레이맵' 정보를 바탕으로 서울 성동구 뚝섬역과 성수역 인근 배후세대 수를 정리한 지도다. 검은색 숫자는 주거 배후세대 수고 빨간색 숫자는 오피스 배후세대 수다. 두 번째 지도도 마찬가지로 '엑스레이맵' 정보를 활용해 서울 강남구 일부 지역의 배후세대 수를 정리한 지도다.

상권분석 시 흔히 활용하는 유동인구 데이터나 상권분석 보고서는 방대한 정보를 제공하지만 외부 배후세대를 파악하는 데는 몇 가지 한계가 있다. 유동인구 데이터를 보면 해당 지역에 얼마나 많은 사람이 오고 가는지는 알 수 있으나 그 사람들이 어디서 온 누구인지는 세부적으로 구분되지 않는다. 이런 이유 때문에 외부에서 유입되는 배후세대 규모는 현장 발품으로만 구체적인 파악이 가능하다.

현장 발품을 나갈 때는 마치 그림자를 따라가듯이 '따라가기'가 중요하다. 사람들이 '어디서 어디로 가는가', '왜 그곳으로 가는가'를 생각해보고 시간대별 분위기가 어떻게 달라지는지 현장에서 직접 느껴봐야 한다.

그림 4-2 배후세대 수 정리 예시

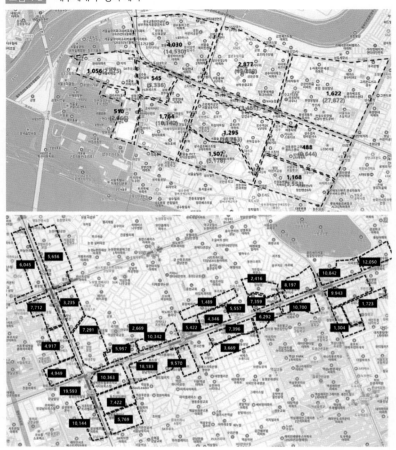

3단계 | 상권의 시간대별 차이점 파악하기

2단계에서 여러 개의 소상권으로 구분한 지역의 배후

세대 규모를 확인했다면 3단계는 각 소상권의 타임라인을 분석하는 것이다. 평일과 주말의 차이, 주간과 야간의 차이를 보면 소상권이 가지고 있는 특징을 구체적으로 예측할 수 있다. 이때 필요한 사이트가 '오픈업'이다. '오픈업'에서는 경쟁 매장의 매출액을 확인할 수 있어 빅데이터 상권분석 시 자주 이용되는 사이트다.

소상권의 타임라인 분석을 하면 해당 상권이 주 5일 상권인지, 주 7일 상권인지 알 수 있다. 또한 점심과 저녁 매출 비중도 파악할 수 있다. '오픈업'을 개별 매장의 매출액 확인 용도로만 활용하는 경우가 많은데, 이 매출액은 실제와 다른 경우도 많아 숫자에 너무 큰 의미를 부여하지 않았으면 한다.

'오픈업'을 가장 현명하게 활용하는 방법은 소상권 나누기를 한 후 각 소상권의 매출 타임라인을 확인해 분석하는 것이라고 생각한다. 이처럼 데이터를 정리하다 보면 상권분석을 감에 의존하지 않고 객관적인 자료로 분석하는 일이 쉬워진다. '오픈업'에서 영역을 지정해 시간대별, 요일별 데이터를 확인하는 방법은 다음과 같다.

❶ '오픈업' 사이트(www.openub.com)에 접속해 조사하고자 하는 지역을 검색한 후 화면 우측 상단에서 '상권-다각형' 순서로 클릭한다.

❷ 지도에서 조사하고자 하는 영역을 지정한다.

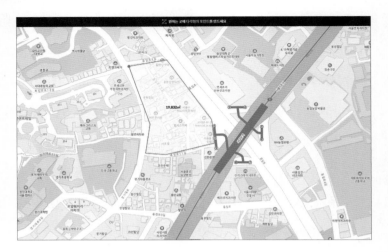

❸ 영역 지정을 완료하면 화면 좌측에 나타나는 창에서 시간대별, 요일별 결제 경향을 확인할 수 있다.

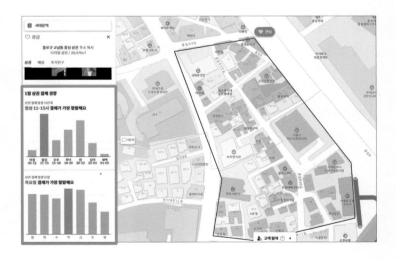

'오픈업'에서 영역을 소상권 기준으로 지정하면 해당 소상권에 대한 정보 확인이 가능하다. '오픈업'을 개별 매장의 매출액 파악에만 활용하지 말고 소상권 범주로 확장해 활용하면 활용도가 200% 상승할 것이다.

─────── 4단계 | 현장 임장하기

이제 현장으로 나갈 시간이다. 앞서 글과 예시로 설명한 손품 과정(1~3단계)을 한두 번 진행하다 보면 다소 길게 느껴질 수 있다. 하지만 이 과정을 열 번만 반복해보면 상권분석이 처음인 초보자도 1시간 내에 손품을 마칠 수 있을 것이다. 실제로 '빅데이터 상권분석 정규 과정'을 운영해본 결과, 대부분 수강생이 '막연했던 상권분석이 명확해졌다'고 후기를 남겼다.

익숙하지 않은 지역일지라도 그곳의 특성을 미리 파악해두면 현장 방문 시 무엇을 중점적으로 살펴봐야 할지 기준이 명확해진다. 상권분석은 결코 어려운 일이 아니다. 단지 제대로 해보지 않았기 때문에 어렵게 느껴질 뿐이다. 임장 전 상권 데이터를 정리하는 습관은 발품의 효율을 극대화하는 중요한 과정이다.

'상권분석 발품=부동산 공인중개사 사무소 방문'이라고 착각하는 경향이 있다. 그래서 상가 매물 100개, 200개를 둘러보는 것이 발품의 핵심이라고 생각한다. 그러나 상가의 조건을 확인하는 것보다 더 중요한 건 해당 상권을 이용하는 고객들의 모습을 보는 것이다. 상권의 흐름을 읽을 줄 알아야 A 상가가 좋은지, B 상가가 좋은지 판단할 수 있다. 이 흐름은 상가 건물이 아니라 그곳에서 실제로 소비하는 사람들에 대한 관찰을 해야 알 수 있다.

현장을 방문할 때는 마치 여행을 온 듯이 낯선 시선으로 바라봤으면 한다. 그곳에 여행 온 것처럼 발품을 다니면 보다 객관적이고 세밀하게 상권을 관찰할 수 있다. 유명 프랜차이즈 브랜드 매장이 어디에 위치해 있는지, 건물의 지하나 2, 3층에는 어떤 콘텐츠가 자리하고 있는지, 점심시간에 사람들이 가장 많이 몰리는 골목이 어디인지, 매출이 높은 매장들은 어떤 이유에서 높은 매출을 기록하는지 생각해보는 것이 중요하다.

성공적인 상권분석의 핵심은 단순히 눈에 보이는 정보만으로 평가하지 않고 해당 상권의 분위기와 고객들의 패턴을 읽어내는 것이다. 손품과 발품을 활용해 상권 흐름을 이해해야 비로소 돈이 되는 결정을 내릴 수 있다.

요즘은 상권에 대한 정보를 온라인에서도 얼마든지 찾을 수 있다. 그렇다고 해서 현장에 나가 직접 보는 일을 게을리하면 상권의 흐름을 제대로 잡아낼 수 없다. 시간이 걸리기는 하지만 답은 현장에 있다. 온라인에서 얻는 정보만으로는 제대로 된 상권분석을 다 해낼 수 없다.

고수들은 상가 매물을 찾을 때 무조건 현장에 나간다. 아침부터 저녁까지 상권 구석구석을 둘러보고 해당 지역 공인중개사들과 긴밀히 소통한다. 이렇게 공인중개사로부터 소개받은 매물을 검토하고 임장을 하다 보면 여러 상권에 대한 데이터가 차곡차곡 쌓이게 된다.

임장을 가는 것도 습관이다. 습관화되지 않으면 온라인에서 얻는 정보만 가지고 감으로 판단하게 된다. 지도로도 확인할 수 있는 정보들이 있으나 현장에서 꼭 확인해야 하는 요소들도 있다. 특히 아직 경험이 많지 않은 초보자라면 비효율적이더라도 현장에서 보내는 시간을 늘리는 것이 중요하다. 상권분석을 너무 기술적으로 하려고 시도하지 않았으면 한다. 상권분석은 어쩌면 무식하게(?) 현장을 많이 다닌 사람이 흐름을 잘 읽을 수밖에 없는 영역이다.

5단계 | 비교 평가하기

하나의 상권에 대한 손품과 발품이 마무리됐다면 마지막으로 해당 상권과 비교할 수 있는 다른 상권에 대한 분석을 진행할 차례다. 비교 평가는 상권의 흐름을 읽는 것이기도 하지만 최종적으로는 어떤 입지가 더 좋을지에 대한 답을 찾는 과정이다.

하나의 상권과 하나의 입지만 두고 선택을 할지, 하지 말아야 할지를 고민하면 답을 찾기 어렵다. 돈이 되는 선택을 하기 위해서는 비교 대상이 될 수 있는 상권과 입지를 찾아 끊임없이 비교 평가하는 과정을 거쳐야 한다.

02 예비 창업자에게 전하는 조언

창업을 준비하는 많은 사람이 다음과 같이 말한다.

이제 나도 내 가게 하나쯤 가져봐야 하지 않을까?
직장 생활은 답이 없으니 자영업이라도 해봐야겠다.

유튜브나 인스타그램에서 성공한 자영업자의 이야기를 접한 후 창업을 꿈꾸는 사람이 많다. 그런데 자영업자들 사이에 점차 경쟁 강도가 치열해지면서 그만큼 실패 확률도 높아졌다. 통계에 따르면 매년 수십만 명이 창업을 하지만 그중 절반 이상은 3년 이내에 문을 닫는다고 한다. 이들이 실패한 이유는 무엇일까? 자금이 부족해서? 경험이 없어서? 물론 그런 이유도 있겠지만 진짜 이유는 '잘못된 출발' 때문이다.

생각보다 많은 예비 창업자가 불완전한 정보, 본인의 감, 주변 사람들의 말에 의존해 중요한 결정을 내리고 뒤늦게 후회한다.

괜찮을 거라고 막연히 생각했는데, 전혀 아니었어요.
프랜차이즈는 무조건 안전하다고 생각했죠.

이런 실수의 대부분은 피할 수 있는 것들이다. 준비된 창업자와 그렇지 않은 창업자의 가장 큰 차이는 정보를 어떻게 받아들이고 해석하냐다. 단순히 많은 정보를 알고 있는 것이 아니라 그 정보를 본인의 상황에 맞게 해석하고 적용할 수 있는 사람이 결국 살아남는다.

지인의 조언보다 전문가의 통찰을, 유튜브 영상보다 데이터와 사례를, 익숙한 동네보다 실제 수익이 나는 입지를 바라보는 눈이 필요하다. 본인의 생각이 틀릴 수도 있다는 가능성을 열어두고 끊임없이 질문하고 검증하는 자세를 갖춰야 한다. 예비 창업자들에게 지금 필요한 것은 감이 아니라 기준이라 생각한다. 다음의 조언을 통해 본인만의 기준을 만들었으면 한다.

전문가가 아닌 지인들의 말에 휩쓸리지 말기

가령 네이버 스마트스토어를 시작한다면 직장 동료에게 방법을 묻기보다 실제로 스마트스토어를 운영하며 노하우를 쌓아온 사람에게 조언을 구하는 것이 맞다. 상권분석도 마찬가지다. 경험 없는 사람에게 조언을 구하면 현실과 맞지 않은 소문만 듣게 되기 십상이다. 비전문가의 조언은 때로 오해를 불러일으키고 막연한 두려움을 심어줄 뿐이다.

특히 돈과 투자에 관한 조언은 더욱 신중하게 들어야 한다. 비전문가들은 대개 보수적인 시각을 가지고 있기 때문에 투자에 대해 부정적인 의견을 주기 마련이다. 반면에 경험이 풍부한 전문가들은 상권의 흐름을 읽고 있는 만큼 더 현실적인 인사이트를 제공할 가능성이 높다. 따라서 상권분석에 대한 조언을 구할 때는 그 사람이 본인보다 이 분야에서 더 많은 경험을 가지고 있는지, 실제 성공적인 결과를 내본 사람인지를 먼저 고려하는 것이 중요하다.

고수의 인사이트를 듣는 것은 시간을 절약하고 실수를 줄일 수 있는 좋은 방법이다. 1시간의 미팅에서 얻은 통찰이 혼자서 해결할 수 없었던 문제들을 풀어줄 수 있으며 나아가 비즈니스의 새로운 방향을 제시해주기도 한다. 실패 가능성이 높은 사람들의 공통점 중 하나는 전문가 의견을 무시하는 경향이 있다는 것이다. 물론 전문가 의견이 항상 절대적인 것은 아니다. 모든 투자와 결정은 본인의 판단하에 이뤄져야 한다. 하지만 경험이 부족하다면 전문가들의 이야기에 더 귀 기울일 필요가 있다.

'본인의 감'에 의존하기보다 '전문가 의견'에 집중하는 자세가 필요하다. 만약 본인의 판단이 전문가의 조언과 상반된다면 그 판단 근거가 얼마나 명확한지 스스로 검증해보길 바란다. 감각에 의존한 결정보다 구체적인 논리와 데이터에 기반한 결정이 성공 확률을 높인다. 전문가의 조언을 활용해 위험을 줄이고 본인의 선택을 더 견고하게 만드는 것이 장기적으로 더 바람직한 선택임을 기억하길 바란다.

────── 익숙한 지역에서만 상가를 알아보는 예비 창업자

창업이나 상가 투자를 시작할 때 많은 전문가가 본인에게 익숙한 지역에서 시작하라고 조언한다. 집이나 회사 근처, 혹은 평소에 자주 방문하는 곳이라면 상권의 특성과 변화를 잘 알고 있을 것이므로 상권분석도 더 쉽고 정확하게 할 수 있을 거라는 논리 때문이다. 하지만 이런 접근법은 예상하지 못한 여러 가지 위험을 초래할 수 있다.

특정 지역에서 오랜 시간 살았거나 일했다고 해서 그 지역의 상권을 완벽하게 이해하고 있다고 단정 짓기는 어렵다. 오히려 그 익숙함이 객관적인 판단을 방해하는 잘못된 선입견을 만들어낼 수 있다. 예를 들어 본인이 자주 방문하는 골목이라서 좋은 상권이라고 여기거나 반대로 평소에 잘 가지 않는 곳이라서 좋지 않은 상권이라고 선불리 판단하는 경우가 있다. 이런 주관적인 선입견은 상권을 객관적으로 평가하는 데 큰 방해 요소가 된다.

또한 익숙한 지역에만 집중하다 보면 다른 지역과의 비교 평가의 기회를 놓칠 수 있다. 가령 30평 규모의 고깃집을 창업하려는데, 마음에 드는 위치의 상가는 투자 금액이 높고 반대로 투자 금액이 적절한 위치는 입지 조건이 아쉬운 경우가 있다. 이상적인 입지를 찾으려면 여러 상권의 다양한 매물을 비교하며 기회비용을 최소화해야 한다. 한 지역만 고집하면 선택할 수 있는 매물의 폭이 매우 좁아져 결과적으로 적합한 물건을 찾는 데 더 많은 시간이 소요될 수 있다.

창업을 준비할 때는 특정 지역에 지나치게 얽매이지 말고 가능한 한 많은 상권을 살펴보는 것이 중요하다. 성공적인 투자는 다양한 매물을 비교 평가해 최적의 선택을 하는 것이다. 물론 손품과 발품을 팔아야 하는 수고로운 과정이지만 한정된 자본으로 최고의 결과를 얻으려면 익숙한 지역에만 의존하지 않고 최대한 다양한 상권을 경험하는 것이 성공 투자의 첫걸음이다.

상권분석 전문가가 이야기하는 프랜차이즈 창업의 모든 것

　　프랜차이즈 브랜드 매장을 창업하면 본사 좋은 일만 하는 거라며 절대 하지 말라고 이야기하는 사람들이 있다.

- 원가율이 높다! ⇒ 본사와 물류 업체의 마진 남기기
- 인테리어 비용이 비싸다! ⇒ 본사와 인테리어 업체의 이익 남기기
- 메뉴와 콘셉트에 변화를 주지 못한다! ⇒ 프랜차이즈 본질은 표준화하기

　　물론 프랜차이즈 브랜드를 선택할 때 이런 단점들은 존재한다. 그런데 본사가 아무런 이익을 남기지 않고 점주에게 시스템, 메뉴, 물류 서비스를 제공할 수 있을까? 그렇다면 프랜차이즈가 아닌 개인 매장을 창업하는 게 정답일까? 자영업 경험이 없는 사람이 개인 매장을 섣불리 운영하면 1년도 채 버티지 못하고 폐점의 길로 갈 가능성이 높다.

　　자영업 관련 경험이 없고 창업이 처음이라면 프랜차이즈 브랜드를 선택하라고 추천하고 싶다. 더 많은 투자금이 필요하고 본인의 수익이 일부 감소하는 부분은 있지만 그것을 감수할 정도로 괜찮은 브랜드를 선정한다면 오히려 기회가 될 수 있다.

　　좋은 프랜차이즈 브랜드 여부는 5가지 기준을 통해 확인이 가능하다.

❶ 원가율 : 원재료의 원가율이 얼마인지 반드시 확인하기

❷ 신제품 출시 : 주기적으로 신제품 출시가 이뤄졌는지, 앞으로의 메뉴 계획은 어떤지 확인하기

❸ 배달 매출액 비중 : 총 매출액이 아니라 홀 매출액 비중이 중요하며 배달 매출액 비중이 높은 브랜드는 주의하기(배달 매출액 비중이 40%라면 높은 편임)

❹ 매장 확산 속도 : 너무 빠르게 성장하는 브랜드라면 선택 시 유의하기

❺ 월 로열티 : 총 매출액의 3~5%를 로열티로 요구하는 경우가 있는데, 그 정도의 가치를 가지고 있는 브랜드인지 생각해보기(월 매출액이 3,000만 원만 넘어가도 큰 비중임)

위 기준으로 프랜차이즈 브랜드에 대한 비교 평가를 할 수 있으며 이 5가지 외에 가장 좋은 방법은 해당 브랜드를 운영 중인 가맹점주의 이야기를 듣는 것이다. 만약 삼성전자 면접을 앞두고 있는 취업 준비생이라면 면접을 주관하는 면접관의 이야기가 가장 도움이 되지 않을까?

가맹점주와 이야기를 나누다 보면 본사 담당자가 미처 말하지 않은 브랜드의 본질에 대해 알 수 있다. 외부에서는 별다른 문제가 없어 보이는 브랜드가 내부에서는 정상적으로 운영되지 않는 경우가 있으므로 현재 매장을 운영 중인 점주와 꼭 인터뷰해보길 바란다. 매장 피크 타임을 피해 간단한 음료나 케이크를 사서 들

고 가 이야기를 나누다 보면 생각보다 많은 인사이트를 얻을 수 있다. 반드시 실천하길 바란다. 가맹점주와의 20분 대화가 1억 원 이상의 가치를 지니기도 한다.

──────── 프랜차이즈 상권분석의 핵심

운영하고자 하는 브랜드를 결정한 후에는 무엇을 해야 할까? 프랜차이즈 상권분석의 핵심은 해당 브랜드의 규칙성을 파악하는 것이다. 즉, 상권분석 전에 어떤 브랜드인지 알아야 한다. 규칙성 파악 시 꼭 확인해야 할 정보 6가지를 정리해봤다.

1. 매장별 매출액

브랜드의 평균 매출액은 중요하지 않다. 개별 매장의 매출액이 중요하다. 그 다음으로는 어떤 이유로 인해 매장별 매출액에 차이가 나는지 알아야 한다. 오피스상권에서 매출이 높은지, 학원가상권에서 매출이 높은지 등의 정보를 알면 해당 브랜드의 가장 좋은 수익이 나올 수 있는 상권이 어떤 특징을 가지는지 파악할 수 있다. 결국 이것을 알아야 목표 상권을 3곳 이상 정할 수 있다. 프랜차이즈 브랜드 가맹점의 매출액을 확인하는 방법은 가맹 상담을 진행한 본사 담당자에게 직접 물어보거나 '오픈업'에서 개별 매장의 추정 매출액을 확인하는 것이다.

2. 시간대별 매출액

매장의 매출을 최고치로 올리기 위해서는 매출이 저조한 시간대에 판매를 늘리는 것이 아니라 피크 타임에 집중적으로 객단가와 고객 수를 늘려야 한다. 예를 들어 오피스상권이라면 매출이 저조한 주말의 매출액 증가를 위해 고민하기보다 매출이 집중되는 평일 점심에 추가 매출을 발생시킬 수 있을지 고민하는 것이 더 효율적이다. '오픈업'에서 개별 매장의 시간대별 결제 비중 데이터를 보면 본인이 가장 집중해야 할 시간대를 판단할 수 있고 이를 토대로 적합한 상권 찾기가 가능하다.

3. 홀과 주방의 적정 인원

프랜차이즈 브랜드 소개를 듣다 보면 '우리 브랜드의 인건비 구성은 매출의 20%입니다/25%입니다' 등의 설명을 들을 수 있다. 사실 인건비는 더 구체적으로 확인해야 한다. 내가 추천하는 방법은 매출액 구간별(예. 월 매출액 3,000만 원/4,000만 원/5,000만 원)로 홀과 주방 근무자를 파악하는 것이다. 창업을 준비할 때는 추상적으로 준비하지 말고 구체적인 자료로 판단하는 습관을 가져야 한다.

4. 평일과 주말 매출액

평일과 주말의 매출액 차이를 알고 있는 것은 정말 중요하다. 매출 규모에 따라 인력 운영 자체가 달라지므로 직원 관리를 시스템화하기 위해서는 평일 예상 매출액과 주말 예상 매출액을 나눠서 살펴봐야 한다.

5. 인테리어 투자비

프랜차이즈 브랜드 본사에서 말하는 인테리어 비용에는 숨은 부분이 있다. 인테리어는 건물 내외부 컨디션에 따라 같은 면적이라도 큰 차이가 발생할 수 있다. 전면 길이가 길면 간판 길이로 인한 투자비가 증가하고 1층이 아닌 공간에서 30평 이상의 면적으로 창업할 경우 소방완비필증을 받아야 한다. 또 식당은 급배기를 밖으로 빼낼 수 없으면 건물 옥상까지 덕트를 설치해야 하는데, 이 비용도 만만치 않다. 정리하면, 창업에 필요한 인테리어 비용은 프랜차이즈 브랜드 본사가 안내하는 비용보다 증가할 수밖에 없는 구조다. 따라서 상가를 찾는 과정에서 이런 추가 비용이 발생할 수 있는 요소들도 함께 고려해야 한다.

6. 상가 임차 비용(적정 권리금·보증금·월세)

프랜차이즈 브랜드 본사는 해당 지역의 적절한 임차 시세를 파악하고 있다. 따라서 프랜차이즈 브랜드를 창업할 때는 본인의 자금 여력도 중요하지만 본사에서 생각하는 이상적인 임차 조건이 어떤지 알고 상권분석을 시작하는 것이 좋다. 임차 조건이 상가를 찾는 기준점이 돼줄 것이다.

6가지 정보를 다 확인했다면 해당 브랜드가 어떤 브랜드며 어떤 상권에서 매출이 높은지 정리가 됐을 것이다. 그런 후 목표 상권을 찾아보면 된다. 좋은 브랜드라고 해서 어디서나 매출이 높은 팔방미인이 될 수 없다. 같은 브랜드라도 어디서 운영하는지에 따라 운영자의 수익은 완전히 달라진다.

이왕이면 무권리 상가가 좋다는 착각

권리금에 대한 이해가 부족한 사람이 정말 많다.

이왕이면 권리금이 없는 상가 위주로 보고 있어요.

요즘은 무권리 상가도 많은데, 굳이 높은 권리금 주고 들어갈 필요 있나요?

입지가 좀 나쁘더라도 온라인 마케팅으로 얼마든지 극복할 수 있다고 봅니다.

많은 예비 창업자가 무권리 상가를 좋은 기회라고 생각한다. '굳이 높은 권리금을 줄 필요가 있나요?'라며 낮은 권리금을 선호하는 경향이 강하다. 하지만 무권리 상가는 안정적인 수익이 발생하기 어려운 곳에 위치할 가능성도 크다는 사실을 간과해서는 안 된다. 권리금은 비용 차원이 아니라 해당 매장의 상권적 가치를 반영하는 중요한 지표다.

권리금이 낮거나 없는 상가는 보통 주요 동선에서 벗어나 있거나 유동인구가 적은 곳일 가능성이 높다. 이런 입지에 위치한 상가는 온라인 마케팅이나 홍보로 어느 정도 보완할 수도 있지만 현실적으로 고객 유입을 늘리는 데는 한계가 있다. 요즘은 대부분 매장이 온라인 마케팅을 한다. 그래서인지 몰라도 '적은 돈으로 주요 상권에서 조금 벗어난 위치에 창업해 온라인 마케팅으로 홍보하겠다'고 생각하는 사람이 많다. 그러나 이 계획은 그렇게 호락호락하지 않다. 차별화된 매력 포인트를 가진 매장이라면 입지 조건을 뛰어넘을 수 있지만 운영 경험이 부족한 초보 창업자가 이런 도전에서 성공할 확률은 매우 낮다. 오히려 무권리 상가에 뛰어들어 초기 비용을 절감하려던 시도가 실패의 원인이 될 수도 있다.

초보 창업자일수록 어느 정도 권리금이 있는 상가에서 시작하는 것이 더 안전하다. 권리금이 있다는 것은 해당 상권에 수익을 낼 만한 가치가 있다는 방증이기도 하다. 적정한 권리금을 지불하고 인기 있는 상권에 입점한다면 고객 확보와 매출 안정성을 동시에 얻을 수 있다.

문제는 권리금에 대한 가치판단을 어떻게 해야 하는지 모른다는 것이다. 권리금 분석을 잘못하면 불필요한 비용 지출로 이어지고 결국 마이너스 상태로 장사를 시작할 수도 있다. 상권분석을 할 줄 아냐 모르냐가 '이 상가는 권리금으로 얼마를 줄 수 있는 곳인가'를 판단할 수 있는 본질이다.

권리금에 대한 올바른 이해는 상권분석 능력에 기반한다. 상권의 특징과 유동인구의 시간대별 차이, 경쟁 매장의 경쟁력을 분석해 권리금의 적정성을 평가하는 것은 자영업을 위한 상권분석에서 중요한 과정이다. 권리금을 단순한 비용이 아니라 향후 안정적인 매출을 위한 초기 투자라는 관점에서 바라보길 바란다. 권리금은 상권의 가치를 반영하는 지표이자 잘 활용하면 또 다른 수익을 창출할 수 있는 중요한 자산이 될 수 있다.

─────── **개발 호재가 많은 상권을 미리 선점하면 어떨까?**

많은 예비 창업자가 '개발 호재가 많으면 상권도 자연스럽게 성장하겠지'라는 기대를 가진다. 재개발로 인한 주거 배후세대 증가나 지하철 노선 개통 등의 부동산 호재는 언뜻 보면 매출액 증가를 보장하는 황금 열쇠처럼 보인다. 하지만 현실은 그리 단순하지 않다. 개발 호재가 반드시 상권 활성화로 이어지지는 않기 때문이다.

예를 들어 재개발이 되어 신축 아파트 5,000세대가 들어선다고 가정해보자. 늘어난 배후세대가 상권에 긍정적인 영향을 줄 거라는 기대를 가지기 쉽다. 하지만 정말 중요한 것은 새롭게 유입된 배후세대가 실제로 어디서 소비할지를 파악하는 것이다. 늘어난 배후세대의 생활동선이 어디로 흐를지 살펴보고 본인 매장의 위치가 그 동선에서 벗어나 있다면 숫자적인 증가는 매출에 큰 영향을 주지 못할 가능성이 크다.

또한 지하철 노선이 개통돼 상권 접근성이 좋아지더라도 사람들의 소비가 해당 상권으로 모이지 않고 오히려 다른 상권으로 빠져나가는 경우도 있다. [그림 4-3] 첫 번째 지도의 경기 남양주시 별내신도시의 경우 지하철 4호선 연장 개통 이후 오히려 별내별가람역에서 야간상권이 강한 노원로데오 상권으로 사람들의 이탈이 증가했다. 두 번째 지도 역시 지하철 8호선 연장 개통으로 경기 구리시에서 서울로 이동하는 대중교통 환경은 좋아졌으나 장자호수공원역에서 야간상권이 강한 천호역과 몽촌토성역, 잠실역으로 이탈하는 사람들이 증가했다.

중요한 사실은 '살기 좋은 지역'과 '장사하기 좋은 지역'은 다를 수 있다는 점이다. 개발 호재는 주거 환경을 개선하고 부동산 가치를 높이는 데는 유리할 수 있지만 이것이 곧바로 상권 활성화로

그림 4-3   지하철 노선 개통으로 상권이 이탈한 예시

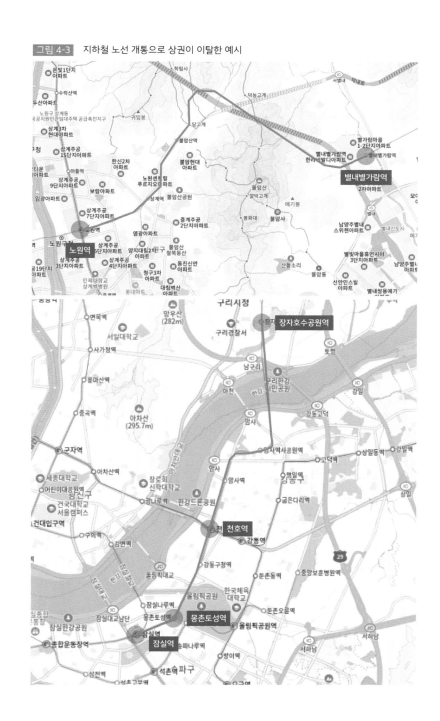

이어지지는 않는다.

그렇다면 상권적인 측면에서 개발 호재를 어떻게 바라봐야 할까? 호재가 상권에 미치는 실질적인 영향을 분석해야 한다. 지하철 노선 개통이 대중교통 접근성을 개선한다면 그로 인해 해당 지역 상권에 유입되는 사람들의 숫자에 어떤 변화가 있을지, 또 그 방문객들은 소비 가능성이 있는지 등을 검토해야 한다. 개발 계획이 있다는 이유만으로 상권을 미리 선점하는 것은 위험한 선택이 될 수 있다.

창업을 위한 상권분석에서는 개발 호재 자체보다 그로 인한 사람들의 소비 패턴 변화를 분석하는 것이 중요하다. 상권의 성장 가능성을 예측하려면 호재와 함께 배후세대의 소비 성향, 경쟁 상권의 위치와 매력도, 생활동선의 변화 등을 다각도로 검토해야 한다.

———— 양도양수 창업은 안전할까?

신규 창업은 왠지 모르게 불안할 수 있다. 이 장소에서 매장을 열었을 때 매출이 어떻게 나올지 아무도 모르기 때문이다. 적게는 1억 원에서 많게는 3억 원 이상의 투자금이 들어가는 창업에서 매출에 대한 불확실성은 초보 창업자 입장에서는 스트레스가 아닐 수 없다.

그런데 매출을 미리 확인하고 창업을 하는 방법도 있다. 브랜드, 상호, 내부 집기, 심지어 직원까지 그대로 인수해 운영하는 양도양수 창업이다. 하지만 양도양수 창업은 신규 창업보다 더 많은 체크리스트가 필요하다.

'맘스터치'를 양도양수 창업으로 시작하고 싶어 하는 지인의 문의가 있었다. 월세는 180만 원으로 저렴한 곳이었다. 권리금은 1억 3,000만 원이라는 이야기가 오가고 있어 노파심에 이런저런 체크리스트를 전달한 적이 있다.

첫 번째는 최근 12개월간의 매출액(홀 매출액과 배달 매출액)을 확인해야 한다. 부가세신고서를 보거나 프랜차이즈 브랜드이므로 포스에 등록된 매출액도 어느 정도 신뢰할 수 있다.

두 번째는 단체 주문 비중과 건수가 대략 어느 정도인지 확인해야 한다. 햄버거의 경우 단체 주문을 통한 매출 활성화가 가능하므로 현재 단체 주문이 얼마나 있는지, 혹시 월 매출액이 단체 주문으로 인해 왜곡되지는 않았는지 살펴봐야 한다.

세 번째는 인근 지역의 임차 조건을 확인해야 한다. 이 경우는 임차 조건이 이미 저렴하다고 생각되나 그래도 인근 상가들의 시세를 살펴봐야 한다. 또한 권리금도 양도양수 조건이므로 '맘스터치' 신규 창업 시 필요한 인테리어 비용 확인을 통해 비교가 필요하다.

네 번째는 상권에 변화 요소(배후세대와 경쟁점)가 있는지 확인해야 한다. 상권의 어떤 변화로 인해 현재 매출이 유지되지 못할 가능성은 없는지 살펴보는 것이 중요하다. '지금까지는 운영을 제대로 하지 못해서 매출이 낮은 것이고 사장이 매장에 집중해서 운영하면 매출이 20%는 오를 것이다' 같은 말은 한 귀로 듣고 한 귀로 흘려버리면 된다.

다섯 번째는 인테리어와 내부 집기 상태를 확인해야 한다. 가령 5년 이상 운영되던 곳으로, 로드뷰로 봤을 때 내외부에 추가적인 인테리어와 집기의 AS 비용이 필요한 시기인지, 관리는 잘 되고 있는지 등을 살펴봐야 한다. 만약 추가 비용이 들어간다면 얼마 정도일지 점주가 아닌 해당 프랜차이즈 브랜드 담당자와의 소통이 필요하다.

양도양수 창업은 매출을 확인하고 시작한다는 장점이 있다. 아울러 일반적으로 추가적인 인테리어나 집기 비용이 발생되지 않으므로 코로나19 이후 상승한 인테리어 비용을 생각하면 양도양수 권리금이 금액적으로는 적절하다고 생각하기 쉽다. 하지만 꼭 고려해야 할 것이 출구 전략이다. 양도양수 창업 후 어느 정도의 이익이 남을지, 향후 재매각을 할 수 있는 브랜드인지도 고려해야 한다.

노후화로 인해 같은 브랜드로의 양도양수가 안 되면 일반 매매로 매각해야 하는데, 그러면 투자한 권리금의 1/3 수준도 받기 어려운 매장들이 많다. 양도양수는 데이터를 보고 진행하는 것이므로 접근이 쉬워 보이지만 실제로는 위험 요소가 더 많은 창업 방법임을 기억하길 바란다.

─────── **독서, 강의, 세미나를 통해 인사이트를 얻자**

요즘에는 네이버 블로그나 유튜브만 봐도 양질의 정보를 얻을 수 있다. 그래서인지 몰라도 책을 읽고 강의를 듣는 사람은 많지 않다. 나는 참 다행이라고 생각한다. 아직도 우리에게는 기회가 많다는 말이기 때문이다. 독서와 강의를 통해 인사이트를 확장하지 않는 사람들의 유형을 정리해봤다.

- 한 달에 책 한 권도 읽지 않는 사람
- 대학교 졸업 이후 강의 수강은 생각도 하지 않는 사람
- 무료 세미나가 열려도 귀찮아서 신청할 생각이 없는 사람

개인적으로 상권분석에 대해 알고자 이 책을 읽고 강의를 수강하는 사람들은 상위 10%에 들어간다고 생각한다. 이유는 대부분 사람이 상권분석에 대해 공부해야겠다는 생각 자체를 못 하기 때문이다. 이런 사람들은 준비 없는 창업으로 실패할 확률을 스스로 높이고 있다.

정보의 양은 늘었지만 그것을 제대로 활용하는 사람은 많지 않다. 그래서 기회가 있다고 생각한다. 해당 분야에서 본인보다 많은 것을 알고 있는 사람의 생각을 듣는 것은 말로 표현할 수 없을 만큼의 큰 가치를 지닌다. 그러니 내 강의가 아니더라도 다른 고수들의 이야기를 꼭 들어봤으면 한다.

내가 운영하는 '부자창업스쿨'뿐 아니라 '클래스유', 'MKYU', '월급쟁이부자들', '행크에듀', '김종율닷컴', '맥형아카데미', '장사는 건물주다', 'B2K branding' 세미나 등 좋은 커뮤니티와 세미나가 정말 많다. 실제 이곳에서 운영하는 세미나들에 참석해보면 이미 많은 성취를 이룬 대표들을 만날 수 있다. 그들이 계속 참여하는 이유는 무엇일까? 10만 원, 50만 원 투자로 1,000만 원, 1억 원의 가치를 얻을 수 있다는 사실을 잘 알기 때문이다.

03 상가 투자자에게 전하는 조언

공실이 이렇게 무서운 줄 몰랐어요.

최근 상담을 하다 보면 이런 말을 자주 듣는다. 상가 투자자에게 공실은 수익률 하락을 넘어 자산 관리 전반에 치명적인 위협이 된다. 게다가 공실 기간이 길어질수록 심리적인 압박도 커지며 결국 일부 임대인들은 본인이 직접 매장을 운영하는 선택까지 고민한다.

뉴스에서는 흔히 경기 침체로 공실이 늘었다는 분석을 반복한다. 하지만 상가 공실의 진짜 원인은 경기 침체뿐만이 아니다. 우리나라 경제는 언제나 완벽히 좋았던 시기가 없다. 그럼에도 불구하고 어떤 상가는 꾸준히 임대 수익을 내고 어떤 상가는 몇 년째 텅 비어 있다. 공실은 결국 입지, 구조, 조건이라는 현실적이고 구체적인 문제에서 비롯된다.

이 단원의 글은 상가 공실 문제를 단순히 운이나 경기 탓으로 돌리지 않고 실질적인 원인과 대안을 탐색하려는 투자자를 위한 글이다. 현장에서 10년 넘게 상권분석과 컨설팅을 해온 나는 수많은 공실의 패턴을 봐왔다. 이유는 다양했지만 그 속에는 분명한 공통점이 있었다.

첫 번째는 공급이 수요를 앞질렀다. 아무리 좋은 상권이라도 배후 수요보다 상가 공급이 많으면 공실은 불가피하다. 두 번째는 상가의 경쟁력이 부족했다. 대형 몰과의 콘텐츠 경쟁에서 밀리거나 고객 동선이 끊어진 상가는 사람들의 발길을 붙잡기 어렵다. 세 번째는 과도한 임차 조건으로 인해 입점이 꺼려졌다. 신축 상가일수록 임대료는 높은 반면에 자영업 수익 구조는 날로 악화되고 있다. 네 번째는 기형적인 구조나 협소한 면적 등 물리적 한계도 무시할 수 없었다.

공실 문제를 해결하기 위한 현실적인 방법도 있다. 상가 분할을 통해 임차 수요가 많은 면적으로 재구성하거나 임차인이 활용할 수 있는 외부 공간 제공을 통해 매력도를 높일 수 있다. 그리고 공실 기간이 장기화됐다고 해서 무작정 임대인이 직접 창업에 나서는 것은 오히려 손실을 키우는 위험한 선택일 수 있다. 자영업은 단순한 운영이 아니다. 그 속에는 사업 경험, 마케팅 역량, 인력 관리, 고객 서비스 등 복합적인 운영 기술이 요구되며 이 모든 것을 한 사람이 감당하기란 쉽지 않다.

상가 투자자에게는 단순한 입지 확인이 아닌 철저한 상권분석 기반의 투자 전략이 필요하다. 이번 단원에는 상가 공실이 발생하는 5가지 핵심 원인을 중심으로 공실 위험 요소를 피하고 수익형 부동산의 안정성을 확보할 수 있는 실제적이고 구체적인 조언을 담았다. 공실을 막기 위해 지금 반드시 알아야 할 것들을 하나씩 짚어보자.

─────── 공실이 발생하는 근본적인 이유 5가지

상가 공실 문제는 부동산 투자자에게 가장 큰 두려움 중 하나다. 과거 2%대 금리로 받은 대출이 지금은 5~6% 수준으로 금리가 올라간 상태다. 매달 내는 이자가 많게는 3배 이상이 됐다는 의미다. 이자가 100만 원에서 300만 원으로 인상되면 자산 관리에 치명적일 수밖에 없다.

사람들의 큰 착각 중 하나는 불경기가 공실의 원인이라는 것이다. 뉴스에서 경기 악화로 공실이 늘어났다는 분석 보도가 자주 들린다. 물론 경기 침체가 어느 정도 영향을 미칠 수는 있지만 공실의 근본적인 원인은 아니다. 공실 문제를 경기 탓으로 돌리는 것은 투자자들에게 오히려 잘못된 인식을 심어주는 일이다.

1. 배후세대 대비 과도한 상가 공급량

상가 공실은 수요와 공급의 불균형, 그리고 고객의 선택을 끌어 내지 못한 경쟁력 차이에서 비롯되는 경우가 많다. 대표적인 사례로 [그림 4-4]의 경기 성남시 분당구 힐스테이트판교역 오피스텔 상가를 들 수 있다. 300개가 넘는 상가 중 대부분이 아직까지 모태 공실 상태로 남아 있는 이유는 단순한 경제적 상황 때문이 아니다.

첫 번째 원인은 배후세대 대비 과도한 상가 공급량이다. 인근에

그림 4-4   판교역 인근 배후세대와 상가

약 9,800세대의 배후세대와 IT 기업, 스타트업이 밀집해 있는 판교역이라는 입지 조건은 언뜻 보면 유리해 보인다. 그러나 이 배후세대의 소비는 '현대백화점' 판교점이나 '아브뉴프랑' 판교 같은 대형 몰로 집중돼 있다.

두 번째 원인은 경쟁 상권과 비교해봤을 때 충분한 경쟁력을 갖추지 못한 구조다. '현대백화점' 같은 강력한 콘텐츠를 가진 대형 상권과 비교해볼 때 개별로 분양된 상가는 고객 방문을 이끌어내는 건물 상가 구성과 브랜드 유치 면에서 압도적으로 뒤처진다. [그림 4-5]의 두 상가 모두 판교역과 지하로 연결되는 구조지만 콘텐츠 기준에서 보면 사람들이 선호하는 곳이 어디인지 쉽게 판단할 수 있다.

그림 4-5 　힐스테이트판교역 상가(왼쪽)와 '현대백화점' 판교점(오른쪽)

2. 높은 분양가로 인한 높은 임차 조건

구축 상가 대비 신축 상가의 임차 조건은 많게는 50% 이상 높은 경우도 있다. '신축 건물이라 외관이 좋다', '권리금이 없다' 등의 이유만으로 임차인이 선호하는 상가가 될 수 없다. 인근 구축 상가 대비 터무니없이 높은 임차 조건이라면 상가를 이용하려는 수요가 없을 수 있다.

대부분 분양 상가의 분양가는 높게 형성돼 있다. 그래서 초기 2~3년은 공실로 유지되고 3년 정도가 지나야 조정된 임차 조건으로 임차인이 들어오는 경우가 많다. 상가 분양을 받고자 한다면 반드시 인근 구축 상가의 임대차 시세를 확인해야 한다. 이 간극이 너무 벌어져 있다면 신축 상가는 공실로 남을 가능성이 상당히 높다.

상가 투자자 입장에서 과거에는 매출액 대비 임차료 비중을 10%로 봤지만 매년 상승하는 인건비, 재료비, 세금으로 인해 자영업 수익성이 급격히 떨어지고 있는 최근에는 매출액 대비 임차료 비중의 최소 목표치를 7%로 보는 것이 좋다.

다음 자료는 예를 들어 본인 상가의 임대료로 400만 원을 받으려면 임차인의 월 매출액이 최소 4,000만 원에서 최대 6,000만 원 규모가 돼야 한다는 의미다. 임차료에 따른 매출액을 참고해 상가의 적정 임차료 수준을 예상해보자. 물론 매출액 대비 임차료 비중은 상품과 서비스 원가가 낮은 업종은 월 매출액의 15% 이상의

매출액 대비 임차료 비중(7~10%)

임차료	월 매출액
약 100만 원	1,000~1,500만 원 수준
약 200만 원	2,000~2,900만 원 수준
약 300만 원	3,000~4,500만 원 수준
약 400만 원	4,000~6,000만 원 수준
약 500만 원	5,000~7,500만 원 수준
약 600만 원	6,000~9,000만 원 수준
약 700만 원	7,000~1억 600만 원 수준
약 800만 원	8,000~1억 2,200만 원 수준

높은 임차료도 충분히 감당 가능한 경우도 있다. 개별 상황과 업종 특징에 맞는 판단도 필요하다.

3. 상가 위치가 고객 동선에서 벗어나는 경우

경기 수원시 영통구의 광교중흥에스클래스 상가는 아직도 공실이 많은 상태다. 하지만 여기에도 운영이 잘 되는 상가는 존재한다. [그림 4-6]의 빨간색 영역에는 학원, 병의원, 운동 시설이 밀집돼 있으며 공실이 거의 없다. 즉, 공실률이 높은 지역에도 안정적인 임대 수익이 나오는 입지는 있다. 결국 상가는 상권보다 입지가 중요하다. 투자한 상가가 오랜 시간 공실로 방치되지 않기 위해서는 기본적으로 임차인의 사업이 잘되는 위치에 있어야 한다.

상가 투자자라면 상권분석을 통해 어떤 업종이 본인 상가의 임

그림 4-6   광교중흥에스클래스 상가

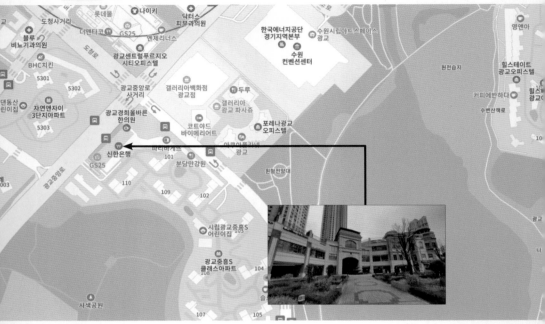

차인이 될 수 있는지 정리가 가능해야 한다. '누군가는 들어오겠
지'라고 막연하게 생각하지 말고 어떤 업종이 들어올 수 있는지,
해당 업종은 어느 정도의 면적을 필요로 하는지만 정리해도 상가
의 입지 평가를 하는 데 도움이 될 수 있다.

4. 기형적인 구조의 상가 레이아웃

아무리 입지가 좋아도 상가의 내부 레이아웃이 나오지 않으
면 공실 가능성이 올라간다. 상가 레이아웃도 중요하다. 내부에
기둥이 많거나 직사각형, 정사각형 구조가 아니라 기형적으로 꺾

인 구조, 바닥 높낮이 차이가 있는 상가 등은 임차인이 선호하는 곳이 아니다. 기형적인 구조는 사용할 수 없는 공간이 의외로 넓어 공간 활용도가 현저히 떨어진다.

공부상 면적보다 더 중요한 것은 실제 활용할 수 있는 공간이다. 바닥 높낮이가 다르거나 천장고가 너무 낮은 기형적인 구조로 인해 제대로 활용할 수 없는 공간이 많은 상가는 임차인들에게 외면 받거나 예상했던 임대 조건으로 계약하지 못할 가능성이 높다.

5. 협소한 면적

상가 면적이 너무 협소해도 공실로 남을 확률이 크다. 서울 송파구 헬리오시티를 가보면 여전히 공실 상가가 많음을 확인할 수 있다. 여기에는 여러 이유가 있지만 그중 하나가 좁은 상가 면적 때문이다. 5평도 안 되는 좁은 면적을 가진 상가가 건물 내부에 위치하고 있는데, 부동산 공인중개사 사무소나 네일아트 같은 업종은 이런 좁은 공간에도 입점이 가능하나 대부분 업종은 2, 3칸을

확장해야 운영이 가능하다. 식당을 안정적으로 운영하기 위해서
는 최소 17평 수준의 면적이 필요하고 카페는 약 9평, 더 좁게는
5평 정도에서도 운영은 가능하나 상가 앞 유동인구가 많은 오피
스상권이나 먹자골목 상권이어야 한다.

최근에는 자영업 경쟁강도가 높아져 과거보다 넓은 면적에서
매장을 운영하려는 트렌드가 확산되고 있다. F&B, 병의원, 운동
시설 등 거의 모든 업종에 해당되는 이야기다. 내가 상권분석 컨
설팅을 진행하면서 정리한 업종별 선호 면적을 공유하겠다.

저가형 카페는 약 10평 공간에서도 개점이 가능하지만 매출이
안정적으로 나오는 매장은 20평 수준의 사람들이 머물 수 있는 테
이블을 확보한 곳이다. 편의점은 냉장 식품과 음료 진열을 위해서
라도 약 25평의 면적 확보가 필요하다. 그런데 경쟁사보다 더 많

업종별 선호 면적

업종	면적
저가형 카페	약 20평
편의점	약 25평
일반 음식점	약 30평
고기구이 전문점	약 40평
운동 시설	약 100평
병의원(치과, 한의원, 동물 병원)	약 60평
병의원(규모가 있는 피부과, 정형외과)	90평 이상

은 상품 구색과 고객 공간을 갖추기 위해 40평 수준의 대형 규모로 개점하는 경우가 늘고 있다. 편의점 간의 경쟁강도가 올라가면서 생긴 점포 개발 트렌드의 변화라고 할 수 있다.

일반 음식점과 고깃집은 테이블 회전 수보다 한 번에 들어올 수 있는 고객 규모를 늘리기 위해 주로 30~40평 공간을 찾는 경향이 있다. 이런 이유로 현장에서 30평 이상의 매물을 찾기가 어렵다. 운동 시설은 대형 매장이 생기면 주변 매장은 폐업할 정도로 면적에 대한 중요도가 강한 업종이다. 사실 200평 이상의 대형 매장도 생기는 추세라 100평 정도의 공간도 대형이라고 말하기에는 무리가 있다. 동물 병원이나 병의원도 요식업 못지않게 경쟁강도가 상당히 치열한 업종으로, 기본적으로 60평 이상의 공간을 찾는 경우가 많으며 콘텐츠에 따라 130평 이상의 대형 공간을 필요로 하는 경우도 많다.

경쟁강도 증가로 과거보다 넓은 면적에서 오프라인 사업을 하려는 수요가 늘어나는 추세다. 그래서 면적이 좁은 상가는 임차인 구하기가 점차 까다로워지고 있다. 그리고 1, 2층을 연층으로 사용하는 공간은 인테리어 투자금이 상승되고 매장 관리에도 어려움이 있다. 이렇게 업종별로 어느 수준의 면적과 구조를 선호하는지를 알아두는 것은 건물 MD 구성에 큰 도움이 될 수 있다. 상가 투자자인데, 이런 내용을 모르는 경우를 자주 봐왔기에 이번 기회를 통해 해당 내용을 꼭 기억했으면 한다.

상업용 부동산의 공실이 생기는 5가지 이유를 정리해봤다. 상가 공실의 원인은 경기 탓이 아니다. 앞으로 상가 투자를 할 계획이 있다면 공실이 왜 생기는지에 대한 기본적인 이해를 하길 바란다.

──────── 공실 문제를 빠르게 해결하는 현실적인 방법

상가의 접면이 길게 형성된 상가는 충분히 분할이 가능하다. 넓은 면적을 필요로 하는 특정 업종을 제외하고는 일반적으로 10평, 20평 정도의 공간을 찾는 임차인이 많다.

그래서 면적이 넓은 상가를 보유 중이라면 적절한 면적으로 나누는 것이 공실 문제 해결에 도움이 된다. 50평 이상의 공간을 작게는 12평, 크게는 30평 수준으로 나눈다면 해당 공간을 선택할 수 있는 임차 수요가 늘어날 수 있다. 내가 임장을 다니며 봤던 상가 분할 사례 3가지를 소개하겠다.

그림 4-8   상가 분할 사례 1

[그림 4-8]은 서울 영등포구 대림동으로, 과거 'SC제일은행'이 있었던 이 상가의 면적은 120평이었다. 임차 시세가 높은 지역은 아니지만 이 상가의 경우 면적이 120평으로 넓고 기존에 은행이 있었던 곳이라 임차 조건이 상당히 높았다. 이것이 오랜 기간 동안 공실로 남아 있던 주된 이유였다. 그런데 이곳을 3개의 상가로 분할함으로써 공실이었던 상가에 모두 임차인이 들어왔다.

이처럼 면적이 넓은 상가라면 상가 분할로 공실 문제를 해결할 수 있다. 다만 수익성을 위해 상가 전면 너비를 4m 이하로 좁게 분할하면 오히려 임차인으로부터 외면받을 수 있다.

[그림 4-9]의 서울 지하철 한티역 이면 골목에 위치한 이 상가는 위층에 학원이 있어 1층에는 냄새가 나지 않는 업종이 들어와야 한다는 제약이 있었다. 그리고 한티역 상권의 주요 골목에 있는 약 60평 면적의 상가였기에 임차 조건도 높아 공실이 4개월 이상 유지되던 상태였다.

이곳도 상가 분할을 진행했는데, 프리미엄 반찬 가게 '도시곳

그림 4-9   상가 분할 사례 2

간'과 '롯데리아'가 들어왔다. 분할하기 전에는 대형 공간이 필요한 베이커리 카페가 관심을 가지기도 했다. 임대인의 희망 조건에 맞는 임차인이 없어 공실 기간이 길어졌고 이것을 상가 분할로 해결한 사례다.

[그림 4-10]은 서울 성북구 성신여대 상권으로, 해당 상가에는 과거 '태극당'이라는 대형 베이커리가 운영됐다. 당시 코로나19로 인해 임차 수요가 많지 않았던 것과 1층과 2층을 합쳐 80평 이상의 넓은 면적이 공실의 주된 이유였다. 면적이 넓으니 임차 조건이 높았고 이런 넓은 면적을 필요로 하는 임차인은 적었다. 그리고 이곳 역시 상가 분할을 통해 공실 문제를 해결했다. 기존에 '태

그림 4-10   상가 분할 사례 3

극당'이 있던 1, 2층 공간은 '버거킹'과 '행복은 간장밥'이라는 식당이 들어왔다.

상가 분할은 상가의 접면이 어떻게 되는지에 따라 가능 여부가 결정된다. 임대인 입장에서 여러 명의 임차인보다 단일 임차인이 있는 것이 건물 관리에는 용이하지만 임차인이 감당할 수 있는 보증금과 월세에도 한계가 있다. 따라서 상가를 분할해 관리하는 것이 공실 방지에 좋은 전략이 될 수 있다.

추가로 공실 문제를 해결할 수 있는 팁 하나를 알려주자면, 임차인이 활용할 수 있는 별도 공간을 제공하는 것이다. 간판, 돌출 간판, 전면부, 창고, 건물 측면 홍보물 활용 공간 등이 있다.

—————— 임대인이 직접 운영하는 것이 좋은 선택이 아닌 이유

상가 공실은 임대인에게 경제적 부담을 넘어 심리적 스트레스를 안겨준다. 공실 상태가 오래 지속되면 임대인은 이 문제를 해결하고자 직접 매장을 운영하려는 경우가 있다. 그러나 이는 단기적인 해결책일뿐, 더 큰 문제를 초래할 수 있다. 앞서 공실이 발생하는 근본적인 이유 5가지를 소개했는데, 이것을 3가지로 압축하면 다음과 같다.

❶ 상가 위치가 고객 동선에서 벗어나는 경우

❷ 배후세대가 부족한 경우

❸ 임차인이 감당하기 어려운 과도한 임차 조건인 경우

❶, **❷**번 이유로 인해 장기간 공실로 남아 있던 상가가 있었다. 400세대가 있는 오피스텔 1층 상가를 보유한 의뢰인의 상담 요청이 있었는데, [그림 4-11]에서 보듯이 해당 상가는 주요 상권과 동떨어진 위치에 있어 오피스텔 400세대 외에 추가 고객 유입이 힘든 상황이었다. 의뢰인은 무인 아이스크림 전문점이나 무인 라면 전문점 운영을 고민하고 있었다. 그러나 해당 상가에서 이미 운영 중인 편의점도 낮은 매출로 고전하고 있었기에 유사한 형태의 무인 매장 운영은 불가능하다는 결론을 내렸다.

[그림 4-12]의 사례도 살펴보자. 상권 범위 내 세대수가 1,300세

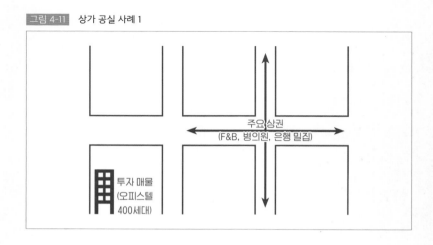

그림 4-11 상가 공실 사례 1

대 수준으로, 개별 상권이 만들어지기에는 배후세대 절대 규모가 부족한 상권이 있었다(하나의 소비상권이 만들어지기 위해서는 최소 5,000세대의 배후세대 필요). 결국 외부 유입이 필요한 상가인데, 이곳은 이미 100여 개가 넘는 상가가 오랜 기간 동안 공실로 방치되고 있어 별다른 방법을 찾기가 어려웠다.

공실 문제 해결을 위해 임대인이 직접 매장을 운영하고자 할 때는 충분한 배후세대가 있는 상권인지, 생활동선 연결성이 있는 입지인지 잘 판단해야 한다. 이 요건을 충족하지 못하는 곳은 본인이 소유한 상가라 한들 사업을 하기에 좋은 곳은 아니다.

그림 4-12 상가 공실 사례 2

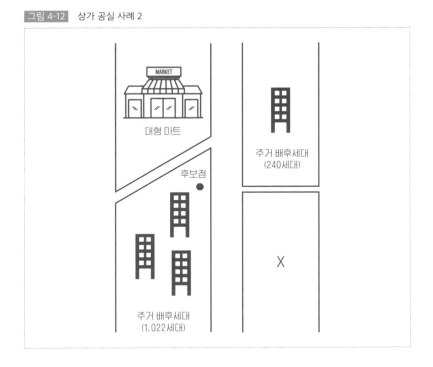

오토 운영, 무인 운영의 환상 버리기

자영업은 인기 있는 프랜차이즈 브랜드를 선택한다고 성공하지 않는다. 입지가 좋지 않은 상가는 프랜차이즈 브랜드의 매력만으로는 극복하기 어렵다. 임대인, 즉 상가 투자자들이 매장을 직접 운영하기 힘든 이유는 이런 자영업의 실제 운영에 대한 이해가 부족하기 때문이다. 온라인 마케팅, 직원 관리 매뉴얼, 원가 관리, 청소, 세무 관리 등 매장 하나를 운영할 때 대표가 신경 써야 할 일은 무수히 많다.

대부분의 상가 투자자는 자동으로 돌아갈 수 있는 운영 시스템을 찾는다. 그래서 무인 매장이나 체계적인 프랜차이즈 브랜드를 선택하면 손쉽게 수익을 낼 수 있을 거라고 생각하는 경향이 있다. 하지만 현실은 그렇게 녹록지 않다. 어떤 매장이든 모든 것을 세심하게 관리할 수 있는 실무자가 반드시 필요하다.

내 수강생 중 한 사람은 서울 마포구의 아파트 단지 내 상가를 분양받았으나 준공 후 2년이 넘도록 공실 상태였다. 해당 상가를 임대하지 못해 매월 400만 원이 넘는 손해를 보고 있던 동시에 코로나19 시기 금리까지 인상되면서 월급의 60% 이상을 대출이자로 지출하는 힘든 시기를 겪고 있었다.

그는 손실을 줄이고자 공실 상가에서 직접 사업을 해야 할지 고민 중이었다. 내가 그와 상담하면서 발견한 가장 큰 문제점은 매장을 관리할 수 있는 '메인 플레이어'가 없다는 점이었다. 회사 일과 병행해야 하는 상황에서 매장 관리는 현실적으로 불가능했다. 자영업은 프랜차이즈 브랜드 광고처럼 결코 단순하지 않다. 무인 매장조차도 보이지 않는 곳에서 실제 관리자가 운영하는 경우가 많다. 결국 직접 운영을 포기하고 임차인을 찾기 위해 더 많은 공인중개사와 소통하는 것으로 상담을 마무리했다.

자영업은 어떤 브랜드를 선택하냐보다 그 브랜드를 어디서 어떻게 운영하냐가 더 중요하다. 운영 주체가 없는 상태를 프랜차이즈 브랜드로 해결할 수 있다는 착각은 버려야 한다.

내가 프랜차이즈 브랜드도 운영이 쉽지 않다고 설명하자 20년 호텔 근무 경력의 셰프와 공동투자를 하면 어떻겠냐고 물어보던 수강생이 있었다. 내 생각을 정리하면, 매장 운영 경험이 없는 상가 투자자는 콘텐츠 운영에서 큰 어려움을 겪게 된다. 매장에서 실제로 어떤 일이 벌어지는지 전혀 모르기 때문이다. 이런 이유로 매장 운영을 맡아줄 제3자와 공동으로 창업하는 경우가 있다. 막연히 생각해보면 자영업 경험이 있는 공동대표나 점장이 있으면 안정적일 것 같지만 안타깝게도 오히려 반대의 결과가 더 많이 발생한다. 공동대표의 존재로 인해 매장 운영이 더욱 어려워지는 것이다.

사장은 사장다워야 한다. 대표는 매장의 모든 업무를 완벽히 이해해야 한다. 매장에 나오지 않는 사장, 주방 일을 모르는 대표는 직원들의 존중도 받지 못한다. 본인보다 업무 이해도가 낮은 사람을 누가 신뢰하겠는가. 매장 운영 시스템을 단순히 누군가를 고용해 해결하려는 것은 현실적이지 않다. 지속 가능한 매장 운영을 위해서는 대표가 직접 초기 시스템을 구축해야 한다. 본인의 시간 투자 없이 직접 운영을 시도하는 것은 악수가 될 가능성이 크다.

왜 상권분석을 해야 할까?

- 매출을 더 높이기 위해서

- 창업 실패 확률을 줄이기 위해서

- 안정적인 상가 투자를 하기 위해서

그런데 상권분석, 좀 어렵지 않은가?

- 지금은 정보가 넘치는 시대

- 네이버 블로그와 카페, 유튜브, 인스타그램 등

- SNS에서 말하는 상권분석 이야기

- 빅데이터 상권분석도 가능하고 관련 사이트가 많음

(오픈업, 나이스비즈맵, 마이프차, 소상공인365, 권리맵, 국가에서 제공하는

지역별 상권분석 서비스 등)

이전보다 정보는 많아졌는데, 왜 상권분석은 쉬워지지 않을까?

- 상권분석 학습을 위한 독서와 강의 수강은 현장 임장을 통한 생각 정리를 거
  쳐야 비로소 본인만의 통찰력이 된다
- 지금까지 이 책에서 이야기한 인사이트를 본인 것으로 만들기 위해서는 손
  품과 발품을 반복하고 임장을 통해 본인만의 통찰력을 만들어나가야 한다

이제부터가 시작이다!

학습   현장 임장   돈 되는 인사이트
(강의 수강, 독서 등)   (손품+발품, 생각 정리)   (통찰력)

예비 창업자에게

상권분석을 제대로 하지 않을 거면 창업은 아예 시작하지 않았

으면 한다. 잘못된 상권분석으로 1억 원을 날리는 것은 정말 순식간이다. 10명 중 단 2명만 살아남는 것이 창업 시장이다. 이 시장에서 살아남기 위해서는 남다른 전략이 필요하다.

What … 무엇을 팔 것인가? (아이템)

How … 어떻게 팔 것인가? (서비스, 마케팅)

Where … 어디서 팔 것인가? (상권분석)

단언컨대, 이 중 가장 중요한 것은 상권분석이다. 아이템, 마케팅, 서비스는 언제든 바꿀 수 있으나 한 번 결정한 상가의 위치는 절대 바꿀 수 없다.

아마 이런 고민을 한 번쯤 해봤을 것이다.

상권분석이 중요한 건 알겠는데, 어디서부터 어떻게 시작해야 할지 막막해.

빅데이터 상권분석 도구는 많은데, 어디까지 신뢰할 수 있는 거지?

현장을 많이 다니면 된다던데, 나가서 뭘 어떻게 해야 하는지는 알려주지 않네.

상권분석은 어려워서 못 하는 게 아니라 어떻게 시작해야 할지 기준을 몰라 못 하는 것이다. 최소 1억 원 이상의 투자금이 필요한 오프라인 창업, 언제까지 감에 의존한 상권분석을 할 것인가. 이제는 달라져야 한다. 이 책이 변화의 시작점이 됐으면 한다.

책에서 못다 전한 상권분석 인사이트는 '부자창업스쿨'을 통해 계속 전달하겠다. 여러분의 시작이 다른 투자를 응원하며 상권분석이 그 힘이 돼줄 것이다.

상가 투자자에게

상권분석은 콘텐츠와 부동산의 조합이다. 그래서 상가 투자자는 임대인뿐 아니라 임차인의 관점도 이해할 수 있어야 한다.

그런데 이게 참 어렵다. 임대인의 세상과 임차인의 세상은 다르기 때문이다. 하지만 여기에도 많은 변화가 있는 것 같다. 자영업자는 건물주가 되고 싶어 하고 상가 투자자는 본인 건물에서 사업을 하고 싶어 한다. 그리고 궁극적으로는 2가지 관점을 모두 가진 투자자가 돼야 하지 않을까?

이 책에서 전달한 인사이트는 기존 상가 투자나 경매 강의에서는 접하지 못했던 부분일 것이다. 상가 투자자, F&B, 병의원, 약국, 숙박업소, 운동 시설 등 여러 분야 대표들과 소통하면서 상권을 바라보는 내 관점도 변해온 것 같다.

책에서 미처 전달하지 못한 상권분석 인사이트는 '부자창업스쿨'을 통해 계속 전달하겠다.

나는 앞으로도 손품과 발품, 그리고 생각 정리로 나만의 상권분석 인사이트를 만들어가고자 한다. 여러분도 함께하겠는가?

* 부자창업스쿨
 www.dstartclass.com

* 상권공부방

특별 부록

: 서울 · 경기 · 인천
추천 상권 145

서울

강남구

001 강남역 남부 상권

강남역 북부 대비 오피스 비중이 높으며(삼성전자 영향으로 우성아파트사거리부터 뱅뱅사거리까지 오피스 밀집) 역삼세무서 이면에 학원가가 형성돼 있다.

002 강남역 북부 상권

10, 11번 출구 대로변에 판매점이 많으며 이면도로의 먹자상권이 신논현 라인까지 활성화돼 있다. 최근에는 10번 출구보다 11번 출구 이면도로 안쪽으로 동선이 변화되고 있다.

003 대치 상권

우리나라 최고의 학원 밀집 지역으로, 은마아파트입구사거리와 대치역, 한티역 중심으로 주간상권이 활성화돼 있다.

004 삼성 상권

포스코사거리와 코엑스 중심으로 활성화돼 있고 영동대로 기준 서쪽과 동쪽의 차이가 큰 상태이나 앞으로 큰 변화가 예상된다.

005 선릉 상권

유흥 시설이 사라지고 오피스 밀집도가 크게 상승했으며 한티역 방향 아파트 밀집 지역의 영향으로 주말에도 역삼역, 삼성역 대비 상권 활성화가 가능하다.

006 신논현역 상권

'신논현역-영동전통시장'으로 이어지는 이면 골목으로 활성화돼 있고 대로변은 판매점들이 입점되지 않아 공실 상가가 남아 있다.

007 신사역 상권

가로수길 활성화가 예전같지 않지만 을지병원사거리 방향으로 상권 변화 요소가 있으며 세로수길 중심으로 패션과 F&B 밀집도가 높아졌다. 또한 강남시장 골목에 프랜차이즈 브랜드가 자리를 잡고 있다.

008 압구정로데오 상권

코로나19 시기 상권이 크게 확장됐으며 도산공원과 압구정로데오역 연결선상에 야간상권이 크게 활성화돼 있다.

009 압구정역 상권

압구정로데오와 신사역 가로수길 쪽으로 상권 영향도를 많이 빼앗겼으나 수요 자체가 탄탄하며 성형 목적의 중국인이 유입되면 상권 흐름에 큰 변화가 예상된다.

010 역삼 상권

역삼역사거리 기준 대형 오피스가 위치해 있으며 한국은행(강남본부) 이면 골목 외 세 블록은 상권이 고르게 형성돼 있다.

011 한티 상권

대치동 학원가가 확장된 상권으로, 인근에 대단지 아파트가 밀집돼 있어 소비력 높은 주간상권의 모습을 가지고 있다.

강동구

012 고덕역 상권

강동경희대학교병원이 있으며 상업지역 내 학원가 밀집도가 우수하다.

013 길동사거리 상권

강동성심병원 배후 상업지 중심으로 유흥상권이 크게 형성돼 있으며 길동, 둔촌동 다세대주택 배후세대가 상당히 깊게 자리 잡고 있다(생활동선 중요).

014 천호로데오 상권

현대백화점(천호점) 대로변과 천호로데오 이면 골목 중심으로 상권이 활성화돼 있다. 풍납토성 인근은 아직 개발되지 않아 영향력이 미약하며 천호3구역 재개발이 완료돼도 상권에 큰 영향은 없을 것으로 예상된다.

강북구

015 미아사거리 상권

롯데백화점(미아점)과 와이스퀘어 중심으로 상권이 활성화돼 있다. 미아사거리역 2번 출구 라인으로 야간상권이 형성돼 있으며 하루 5만 명 이상이 이용하는 교통 요지다.

016 수유역 상권

대로변 기준 대형 프랜차이즈와 판매점이 밀집돼 있으며 수유동 먹자골목 사거리 중심으로 야간상권이 활성화돼 있으나 상권 밀집도가 좋은 대신 임차 조건이 높다.

강서구

017 까치산역 상권

서울에서 배달 매출액이 가장 높은 지역으로, 1인 가구 비중이 높으며 상업지역에 숙박상권도 있는 우량 상권이다. 복개천 라인을 따라 야간상권이 형성돼 있다.

018 마곡나루 상권

마곡지구의 오피스와 주거 배후세대 대상 영업이 가능하며 코엑스마곡과 LG아트센터 서울의 영향으로 주말 매출 비중이 올라갈 가능성이 높다.

019 마곡역 상권

기존에는 홈앤쇼핑 인근과 4번 출구 이면 골목으로 오피스 밀집도가 높았으나 현재는 원그로브 준공으로 상권 변화가 진행 중이다.

020 발산역 상권

아파트, 대학 병원, 오피스, 교통, 유흥이 만나는 강서구 최대 복합 상권이다.

관악구

021 낙성대 상권

대로변 중심으로 상권이 형성돼 있으며 오피스와 강남 접근성이 좋아 배후세대가 풍부하다. 남쪽 지역 기준 대로변이 아닌 이면 골목으로 별도 상권이 형성돼 있다.

022 보라매공원 상권

신림선 개통으로 생활동선 변경이 있으며 오피스와 오피스텔 밀집도가 높다. 봉천로보다 오피스 이면 골목과 보라매공원 방향으로 동선 연결성이 좋다.

023 서울대입구역 상권

유흥, 주거, 역세가 복합적으로 활성화된 우량 상권으로, 기존 2, 3번 출구가 주요 상권이며 샤로수길이 이면 골목을 따라 낙성대역 방향으로 확장되고 있다.

024 신림역 상권

1인 가구와 오피스텔이 많고 역 중심 상업지역이 활성화돼 있으며(3, 4번 출구 라인이 가장 활성화) 일평균 승하차 인원이 10만 명으로 상당히 높다.

광진구

025 건대입구 상권

광역 상권으로, 1020 수요가 많고 건대맛의거리 중심으로 상권이 활성화돼 있다 ('건대맛의거리-CGV 건대입구-양꼬치 골목' 라인 동선 연결성이 양호). 건대중문 거리는 주간상권이 강하게 형성돼 있다.

구로구

026 구로디지털단지 상권

7호선 남구로역, 2호선 구로디지털단지역으로 생활동선이 분리되고 깔깔거리 중심으로 야간상권이 형성돼 있다. 다만 평일과 주말의 매출 편차에 주의가 필요하다.

027 신도림역 상권

일평균 승하차 인원이 10만 명 수준으로, 1, 2호선 환승역으로 인한 교통 상권 성향을 가지고 있다. 1호선 지상철 라인 기준 상권이 남북으로 나뉘고 상대적으로 북쪽이 더 활성화돼 있다.

금천구

028 가산디지털단지 상권

동쪽은 오피스 상권 성향이 강하며 우림라이온스밸리 중심으로 상권이 형성돼 있고 서쪽은 패션 아웃렛 영향으로 주말에도 생활동선 연결성이 있다.

029 시흥사거리(금천구청) 상권

금천구청역 인근에 아파트가 밀집돼 있으나 시흥사거리 배후지에 다세대주택 배후세대가 많아(약 2만 세대) 신안산선 개통 이후 시흥사거리 중심으로 더 활성화될 것으로 예상된다.

노원구

030 노원역 상권

노원로데오 중심으로 20대 소비력이 높은 지역이며 노원구청 인근에는 오피스 비중이 높다.

031 중계 학원가 상권

강북권 최고 학원가인 중계 학원가가 위치하고 있다.

032 하계역 상권

'하계역+세이브존(노원점)' 상권과 북쪽의 중계근린공원 상권으로 분리되는 지역으로, 상가 수가 적어 권리금이 상당히 높다(노원구 특징 : 상가가 적음).

도봉구

033 쌍문역 상권

도봉구에서 창동 다음 가는 상권으로, 인근 배후세대 밀집도가 좋아 역 기준 대로변 상권이 크게 발달했으며 구도심 지역이라 소비자 연령대가 높다.

034 창동 상권

창동은 개발 호재가 많아 앞으로 변화가 기대되며 이마트(창동점) 중심의 서쪽 상권과 하나로마트(창동점), 도봉경찰서, 로데오거리 중심의 동쪽 상권으로 나뉜다.

동대문구

035 경희대·카이스트 상권

경희대에서 회기역으로 이어지는 상권이 활성화돼 있다.

036 답십리역 상권

신답역과 답십리역으로 인한 배후세대 생활동선이 활성화돼 있으며 배후세대가 증가 중이다.

037 한국외대 상권

이문휘경뉴타운 입주 시 상권에 큰 변화가 예상된다.

동작구

038 노량진 상권

노량진역 대로변에 학원가가 형성돼 있으며 향후 노량진 재개발이 진행되면 많은 변화가 예상된다.

마포구

039 경의선숲길 상권

공덕역에서 대흥역까지 이어지는 숲길을 따라 아기자기한 상권이 형성돼 있다. 현재는 주말에도 사람들이 찾아오는 주 7일 상권이다.

040 공덕역 상권

오피스 밀집도가 높아 손꼽히는 S급 상권이지만 주말 매출 집중도는 낮다.

041 망원 상권

망원시장과 망리단길 중심으로 상권이 형성돼 있으며 망원역 기준 서쪽으로 주요 시설물이 모여 있고 배후세대 규모가 크다. 4~9월은 한강공원을 방문하는 사람들의 소비가 더해지는 상권이다.

042 상암DMC 상권

야간상권은 디지털미디어시티 이면 골목으로, 주간상권은 상업지역을 중심으로 형성돼 있으며 먹자상권은 주간 유입도 활발하나 생활동선을 고려해야 한다.

043 연남동 상권

연희로 라인까지 상권 확장 중으로, 미로길에는 신축 건물에 대한 수요가 있으며 홍대입구역 바로 이면 골목 라인은 주거상권 성격이 강하다.

044 합정 상권

메세나폴리스, 합정카페거리, 양화진 라인의 3개 상권으로 구분할 수 있으며 현재 상수역 인근은 공실률이 높다.

045 홍대입구 상권

대로변과 이면 골목을 가리지 않고 활성화돼 있다. 서교초등학교 인근은 상대적으로 생활동선 연결성이 떨어지고 홍대놀이터 인근은 공실률이 높으나 홍대클럽거리, 젠틀몬스터(홍대 플래그십 스토어) 인근은 상권 유지 중이다.

서대문구

046 연세대 상권

연세로 주요 거리(차 없는 거리) 중심으로 상권이 형성돼 있으며 서쪽이 더 활성화돼 있다. 명물거리는 이화여대 상권이 약화되면서 이전보다 많이 침체돼 있다.

047 홍재역 상권

노후된 지역으로 보일 수 있으나 서울 서북부의 몇 안 되는 상업지역으로, 홍제동과 홍은동 거주민의 교통 중심지다. 홍제역의 일평균 승하차 인원은 약 3만 명이다.

서초구

048 교대역 상권

2, 3호선이 연결되는 교통 요충지이자 법조단지 근무자 배후세대를 기본으로 먹자상권(주말 유입은 다소 약함)이 활성화돼 있다. 3호선 세로축 기준 동서 분위기가 많이 다른데, 동쪽은 '대학생+재수생+오피스' 상권의 성격이, 서쪽은 '오피스+먹자' 상권의 성격이 강하다.

049 사당역 상권

주간과 야간 모두 활성화된 먹자골목 상권으로, 13번 출구와 파스텔시티 이면 골목이 가장 활성화돼 있으며 동작구(남성시장 인근) 배후세대 영향도도 높다.

050 센트럴시티 상권

주요 시설물(백화점, 터미널, 대형 병원, 교통 시설)이 밀집된 지역으로, 평일과 주말을 가리지 않고 사람들이 모여드는 광역 상권이며 지하상가도 업종(꽃시장, 패션, 식당 등)별로 활성화돼 있다.

051 양재역 상권

서초구청과 한전아트센터가 위치한 서초구 라인과 SPC 본사와 먹자골목이 위치한 강남구 동쪽 라인으로 구분된다.

성동구

052 뚝섬·서울숲 상권

뚝섬역과 서울숲역 인근에 지식산업센터가 밀집돼 있으며 아틀리에길에 아기자기한 카페와 맛집이 많다. 뚝섬역 교차로 중심으로 노후된 건물들이 오피스 시설로 변화되고 있다.

053 성수역 상권

지식산업센터 밀집 지역 내 20대가 즐길 수 있는 콘텐츠가 어우러져 있으며 연무장길 중심으로 2030이 모여드는 광역 상권이다. 외국인 방문객 비중이 점차 늘고 있다.

054 왕십리 상권

민자역사 내부에 매출액이 높은 매장들이 몰려 있으며 임차 조건은 높은 편이다.

성북구

055 길음뉴타운 상권

아파트 배후세대 외 주요 시설물이 없으나 생활동선이 길음역으로 연결돼 A급 상권이다.

056 성신여대 상권

약 2만 배후세대와 주요 시설물의 조합으로 광역 상권의 역할을 하며 성북구청, 성북경찰서, 성신여자대학교, 로데오거리가 상권 내 주요 시설물이다.

송파구

057 가락시장 · 경찰병원 상권

가락시장역과 경찰병원 중간 라인으로 오피스와 먹자상권이 형성돼 있다.

058 문정 상권

주말에는 인근 주거지 방문을 일부 만들 수 있으나 오피스 밀집 지역으로 평일 매출이 중요한 상권이다.

059 방이동 먹자골목 상권

방이동 먹자골목 중심으로 야간상권이 석촌호수와 송리단길 라인으로 주간상권이 형성돼 있으며 한성백제역 인근 오피스텔 신축이 활발하다.

060 잠실새내 상권

상업지역 중심으로 유흥상권이 형성돼 있으며 다세대주택 밀집 지역도 깊게 자리 잡고 있어 전통시장 인근에 주거상권이 형성돼 있다. 잠실종합운동장의 영향을 많이 받는다.

061 잠실역 상권

잠실역 중심으로 주거와 오피스가 밀집된 복합 상권이다.

양천구

062 목동역 상권

목동역 인근 야간상권이 활성화돼 있으며 아파트와 다세대주택 밀집 지역이 인근에 위치하고 있다.

063 목동 학원가 상권

학원가 내부 광장 중심으로 상권이 형성된 주거와 학원의 복합 상권이며 이대목동병원 인근은 상대적으로 동선 연결성이 떨어진다.

064 신정동 학원가 상권

'학원가-양천구청' 라인으로 상권이 활성화돼 있으며 인근 배후세대는 약 1만 1,000세대 수준이다.

065 오목교 상권

양천구 최고의 상권으로, 유흥, 오피스, 주거, 학원가, 교통이 복합적으로 구성돼 있다. 오목교역 인근의 야간상권과 현대41타워 인근 주간상권으로 소상권 구분이 가능하다.

영등포구

066 당산 상권

더블 역세권이자 광역버스로 인한 교통의 요충지며 이면 골목 중심으로 유명 노포가 많다.

067 동여의도 상권

여의도역 인근 오피스 시설이 밀집돼 있으며 더현대 서울까지 상업 시설이 집중돼 있고 여의도역과 연결되는 TP타워에 고매출 매장의 밀집도가 높다.

068 문래창작촌 상권

외부 유입 고객으로 운영되는 문래창작촌과 인근 직장인 대상으로 운영되는 문래역 인근(문래로데오)의 2개 지역으로 나뉜다.

069 서여의도 상권

동여의도보다 오피스 밀집도는 낮으나 KBS본관과 국회의사당으로 인해 상업 시설 밀집도가 높다.

070 영등포 상권

상업지역 중심으로 유흥상권이 크게 발달돼 있으며 타임스퀘어와 롯데백화점(영등포점)으로 주간상권이 형성돼 있다.

071 영등포구청 상권

야간상권이 강하게 형성된 곳으로, 인근 지식산업센터와 영등포구청으로 인한 상권 안정성이 높다.

용산구

072 남영 상권

야간 먹자상권이 골목에 형성돼 있으며 남영역 인근에 오피스가 밀집돼 있고 대중교통 밀집도가 높다. 인근에 숙명여자대학교가 위치하고 있으며 용산공원 개발로 인한 미래 변화가 예상된다.

073 서울역 상권

서울역 중심으로 형성된 오피스상권으로, 아케이드 상권이 잘 형성돼 있다.

074 신용산 상권

신용산역 인근에 오피스 시설이 있고 용리단길의 힙한 골목상권 형성으로 상권 변화가 나타나고 있다. 하이브 인근으로 독특한 팬덤 문화를 엿볼 수 있다.

075 한남오거리 상권

한남오거리 인근 먹자상권이 형성돼 있으며 강남과의 접근성이 좋아 고급 업장 밀집도가 높다.

은평구

076 구파발 상권

롯데몰(은평점) 인근에 상권이 집중돼 있으며 은평뉴타운의 약 2만 배후세대 유입과 지축역 인근 단지의 추가 유입이 가능하다.

077 연신내 상권

야간상권이 활성화된 곳으로, 서울 서북부의 알짜배기 상권이다. GTX-A 개통으로 상권 변화가 기대된다.

종로구

078 경복궁 상권

경복궁역 2번 출구의 먹자골목과 서촌 골목상권이 활성화돼 있으며 광화문의 오피스 배후세대를 유효 타깃으로 삼을 수 있다. 또한 외국인 관광객 유입이 집중되는 상권이다.

079 관철동 상권

종각젊음의거리는 20대 방문객이 현저히 줄어들었으나(온라인 수강으로 인한 토익, 자격증, 외국어 학원의 오프라인 강의 감소) 오피스 밀집 지역은 여전히 활성화돼 있다. 인사동 유입 인구가 점차 증가하고 있으며 중국인 방문이 시작되면 더 많은 수요가 예상된다.

080 광화문 상권

오피스 배후세대와 광화문과 광화문 광장에서 이뤄지는 행사로 인해 항상 사람들이 붐비는 곳이다. 오피스 밀집도는 종로구청과 시청 인근보다 낮은 편이다.

081 안국역 상권

코로나19 종식 이후 상권 모습이 빠르게 변했으며 주말에는 유입 인구가 눈에 띄게 증가했다.

082 종각역 상권

종로구청 인근 오피스 배후세대 대상 영업이 가능하며 주간상권이 강하다.

083 종로3가 상권

익선동한옥거리와 락희거리 인근은 10~70대까지 다양한 연령대가 소비하는 지역이다.

084 혜화역 상권

공연장과 대학가상권이 조합된 지역으로, 코로나19 이후 공연장 영업이 정상화되면서 유입 인구가 점차 증가하고 있다.

중구

085 명동 상권

다시 찾아온 외국인과 내국인으로 공실률이 급감한 상권이다.

086 시청 상권

북창동 상권과 서울시청 이면 골목 상권으로 나뉘며 북창동의 유흥 시설이 코로나19 팬데믹 이후 식당으로 변경되거나 호텔 등으로 개발됐다.

087 신당동 상권

신당역 12번 출구 이면으로 2030이 좋아하는 힙한 매장이 많으며 동대문의류시장 관련 종사자 유입 비중도 높다. 서울중앙시장과 신당동떡볶이타운의 노포들 힘도 강력한 상권이다.

088 약수역 상권

1번 출구 이면 골목으로 먹자상권이 형성돼 있으며 주거 밀집도도 높다.

089 을지로입구 상권

명동 상권과 연결되며 청계천 라인으로 오피스 밀집도가 상당히 높다.

090 을지로3가 상권

을지로 인근 오피스로 인한 상권 안정성이 있으며 오래된 철공, 인쇄 골목에 20대가 찾는 먹자상권이 형성돼 있다.

중랑구

091 상봉역 상권

'상봉시외버스터미널-상봉역' 이면 골목으로 먹자상권이 형성돼 있으며 인근에 있는 '망우역-우림시장'도 주목할 만한 지역이다.

경기

고양시

092 백마 학원가 상권

150여 개 학원이 밀집돼 있으며 학원가 영향으로 거주민이 이용 가능한 야간상권은 백석역 인근과 웨스턴돔, 라페스타에 형성돼 있다.

093 웨스턴돔 상권

오피스상권 성향이 비교적 강하며 정발산역에서의 접근성이 좋고 상가 수가 적어 경쟁강도가 상대적으로 낮다. 과거보다는 주간과 야간 상권 집중도가 떨어진 상권이다.

094 화정역 상권

상업지역 중심으로 전체 상권이 활성화돼 있으며 학원, 병원, 야간상권이 한곳에 혼재돼 있다.

095 후곡 학원가 상권

210여 개 학원이 밀집돼 있으며 후곡 학원가(경기 2위) 남쪽 주엽역으로 향하는 라인에도 학원 밀집도가 높다.

광명시

096 철산역 상권

철산역 중심으로 64개 학원이 있다(광명시 1위). 로데오거리는 밤낮으로 유동인구가 많은 상권으로, 철산역 출입구 라인과 로데오거리 중심으로 활성화돼 있다.

097 하안사거리 상권

하안사거리 중심으로 주거상권이 형성돼 있으며 아파트 밀집 지역 쪽으로 배후세대가 풍부해 임차 조건이 높다.

광주시

098 광주터미널 상권

터미널 인근 상업지역 중심으로 상권이 형성돼 있으며 1km 내 약 1만 3,000세대의 배후세대가 있다(다세대주택과 아파트 밀집). 터미널 내부 상가도 활성돼 있다.

군포시

099 금정역 상권

안양IT밸리 배후세대 중심으로 먹자상권이 형성돼 있다. 1, 4호선 더블 역세권으로, 산본동 거주민의 금정역으로 향하는 생활동선 연결성이 높다.

100 산본역 상권

3번 출구 라인이 중심 상업지역 내 주요 동선이며 배후세대 생활동선상에 학원가와 유흥 시설이 각각 형성돼 있는 우량 상권이다.

김포시

101 구례 상권

김포시 최고 상권으로, 풍부한 배후세대와 유흥 시설, 편의 시설이 밀집돼 있으며 동일 상업지역 내 학원가와 유흥상권 라인이 나뉜다. 나이트클럽 폐업으로 현재 야간상권 분위기는 그리 좋지 않다.

남양주시

102 별내 상권

2종 일반주거지역에 상권이 잘 형성돼 있다. 별내별가람역 개통으로 인근 상가들이 신축됐으나 별내 전체 생활동선은 별내역 방향으로 형성되고 있다.

103 평내호평 상권

평내와 호평으로 상권이 분리되며 호평 동쪽에 이마트(남양주점)와 메가박스(남양주)가 있는 등 상업지역이 잘 갖춰져 더 활성화돼 있으며 평내동은 거주민 편의 시설 수준으로 형성돼 있다.

부천시

104 부천시청 상권

부천시청 중심으로 주간과 야간 상권이 복합적으로 형성돼 있다.

105 부천역 상권

남광장은 소비 연령대가 높으나(구도심, 부천자유시장 영향) 북광장은 1020 위주로 이뤄진 광역 상권 역할을 한다.

106 상동역 상권

상동역 상업지역 중심으로 상권이 형성돼 있다.

107 신중동 상권

신중동 상업지역 중심으로 상권이 형성돼 있으며 남쪽으로 갈수록 콘텐츠 다양성이 낮고 롯데백화점(중동점) 배후 라인이 가장 활성화돼 있다.

성남시

108 모란역 상권

1, 3 ,4번 출구 이면으로 먹자상권이 형성돼 있다.

109 미금 상권

대단지 아파트 밀집 지역으로 둘러쌓여 있으며 분당서울대학교병원으로 향하는 가장 가까운 대중교통인 미금역이 위치해 밤낮으로 유동인구가 많다.

110 서현 상권

풍부한 배후세대를 기본으로 상업지역 중심 상권이 활성화돼 있으며 상업지역 내 중소형 규모 오피스도 많다. 효자촌, 장안타운 단지 내 상가는 소비력 있는 배후세대 영향으로 권리금이 높게 형성돼 있다.

111 수내 상권

서현역과 유사한 형태를 보이나 서현역이 유흥상권 활성도가 더 높다.

112 야탑 상권

성남시청은 야탑역에서 거리가 좀 있으나 기본 배후세대(약 2만 세대)의 주요 시설물이 역 중심으로 위치해 있다.

113 정자 상권

오피스와 주거가 혼재된 지역으로, 학원가와 유흥 상권이 다르게 형성돼 있다.

114 판교 상권

IT 기업들이 입주 중인 지역으로, 오피스와 주거 배후세대가 풍부하나 판교역 인근 상가 공급이 과도해 공실률이 높으므로 상가 공급을 유심히 살펴야 한다.

수원시

115 광교 상권

경기도청 이전으로 직장인 수요가 증가됐으며 특히 주간 매출 상승률이 높다.

116 망포 상권

망포역 인근에 대단지 아파트가 있고 삼성전자 근무자들의 회식 장소로 이용된다. 남쪽 태장사거리에도 주거상권이 형성돼 있다.

117 수원시청 (인계동) 상권

수원나혜석거리와 CGV(동수원) 이면 골목 중심으로 유흥상권이 형성돼 있다.

118 수원역로데오 상권

수원에서 인계동과 함께 최고 상권으로 꼽힌다.

119 수원정자 상권

수원 정자동 학원가와 아파트 밀집 지역 대상 영업이 가능하며 약 8,200세대의 배후세대가 있다.

120 영통구청 상권

삼성전자와 영통구청 배후세대로 인한 주거와 오피스 복합 상권이다.

시흥시

121 시흥배곧 상권

배곧신도시 상업지역(아브뉴프랑센트럴) 중심으로 상권이 밀집돼 있다. 정왕동 상권이 배곧을 중심으로 재편되면서 정왕동 배후세대가 유입돼 시흥시 한정으로 광역 상권 모습을 보인다.

안산시

122 상록수역 상권

상록수역 일평균 승하차 인원은 약 2만 5,000명이며 유효 배후세대가 풍부한 상권이다.

123 안산선부 상권

북쪽에 영동고속도로가 위치해 상업지역 중심으로 생활동선이 활성화돼 있다.

124 안산중앙 상권

로데오거리 중심으로 상권이 활성화돼 있으며 남부와 북부 상권 활성화도 차이가 크다.

안양시

125 범계역 상권

평촌로데오 중심으로 패션과 유흥상권이 형성돼 있으며 상대적으로 학생 비중이 높다.

126 평촌역 상권

동쪽 준공업지역과 평촌신도시 아파트 배후세대가 만나는 지역으로, 평촌역 중심으로 모든 시설이 집중돼 있다.

127 평촌 학원가 상권

경기 최대 학원가가 위치한 지역으로, 11자 학원가 중심으로 상권이 집중돼 있고 야간상권은 이면 골목 내 동서로 나뉜다.

오산시

128 오산시청 상권

오산문화의거리는 예전처럼 활성화되지 못하고 있으나(10대 위주 방문) 오산시청 인근 먹자상권과 상업지역은 상권적 활성화도가 높다.

용인시

129 수지구청 상권

수지구청 서북 라인을 중심으로 상업 시설이 몰려 있으며 배후세대는 약 1만 6,000세대 수준이다.

130 용인보정 상권

보정동 상업지역을 중심으로 상권이 형성돼 있으며 인근에 이마트(스타필드마켓 죽전점)와 신세계백화점(사우스시티)이 죽전역 방향에 위치하고 있다.

의정부시

131 민락 상권

이마트(의정부점), 코스트코(의정부점) 등의 생활 편의 시설이 있고 의정부에서 주거 환경이 가장 우수하다.

132 의정부로데오 상권

로데오거리가 다시 활성화되면서 주요 동선의 공실 상가가 대부분 해소됐다.

이천시

133 이천터미널 상권

'이천종합터미널-관고전통시장' 라인으로 상권이 집중돼 있다.

파주시

134 야당 상권

야당역 1, 2번 출구 쪽에 상권이 형성돼 있으며 3번 출구 쪽에는 소규모 공장과 다세대주택이 밀집돼 있다.

평택시

135 평택역 상권

평택에서 가장 활성화된 상권이다.

하남시

136 미사역 상권

미사역과 미사한강공원 학원가, 미사숲공원 2개 상권으로 구분되며 미사역과 미사한 강공원 학원가는 콘텐츠가 유입되고 있으나 미사숲공원은 공실률이 상대적으로 높다.

화성시

137 동탄북광장 상권

동탄테크노밸리와 삼성전자 근무자들의 야간 방문이 이뤄지며 주간과 주말에는 인근 아파트 거주민으로 인한 매출이 발생한다.

인천

계양구

138 계양구청 상권

계양구청 중심으로 먹자상권과 유흥 시설이 밀집돼 있다.

남동구

139 구월로데오 상권

백화점, 터미널, 로데오, 시청 같은 주요 시설물이 밀집돼 있어 외부 유입 인구가 많은 광역 상권이지만 과거보다 소비력이 낮아졌다.

140 인천논현 상권

호구포와 소래포구쪽 배후세대도 유입되는 작은 광역 상권으로, 상업 용지와 이면 골목에 상권이 형성돼 있으며 야간상권이 강하다.

부평구

141 굴포천 상권

상업지역 중심으로 유흥, 주거, 학원가, 소형 오피스가 있다. 삼산타운의 풍부한 배후세대 기반으로 상권이 형성돼 있는 곳으로, 생활동선에 따른 골목상권 변화를 살펴야 한다.

142 부평역 상권

지하상가에 의류 판매점이 밀집돼 있고 부평테마의거리 중심으로 유흥상권이 발달해 20~50대까지 다양한 연령대가 소비하는 상권이다.

서구

143 검단아라 상권

주변에 1만 9,000세대의 배후세대를 가진 상권으로, 2025년 이후 법조단지 조성 예정이다. 아파트 준공 후 상업지역이 형성돼 현재 프랜차이즈 매장 입점이 활발히 진행 중이나 임차 조건이 높은 편이다(원당동과 김포시 풍무동에서도 접근 가능).

연수구

144 송도타임스페이스 상권

대학가, 오피스, 야간의 복합 상권이며 최근 1년 사이 상권이 활성화됐다.

145 트리플스트리트 상권

현대프리미엄아울렛(송도점)과 연계되는 상권이다.

돈 버는 상가 망하는 상가

초판 1쇄 2025년 5월 15일

지은이 이홍규
펴낸이 허연
편집장 유승현   **편집1팀장** 김민보

책임편집 장아름
마케팅   한동우 박소라 구민지
경영지원 김민화 김정희 오나리
디자인   이지선

펴낸곳 매경출판㈜
등록 2003년 4월 24일(No. 2-3759)
주소 (04557) 서울시 중구 충무로 2(필동1가) 매일경제 별관 2층 매경출판㈜
홈페이지 www.mkpublish.com   **스마트스토어** smartstore.naver.com/mkpublish
페이스북 @maekyungpublishing   **인스타그램** @mkpublishing
전화 02)2000-2611(기획편집) 02)2000-2646(마케팅) 02)2000-2606(구입 문의)
팩스 02)2000-2609 **이메일** publish@mkpublish.co.kr
인쇄·제본 ㈜M-print 031)8071-0961
ISBN 979-11-6484-772-3(03320)